Cuentos de Miedo
Tradición Oral Colombiana

Carmen Cecilia Díaz de Almeida

Portada: Ricardo Martínez T. Impretécnicos Bucaramanga.
Ilustraciones: Carmen Cecilia Díaz de Almeida. Primera Edición Impresa en Español, 1998, Colombia. Primera Edición Digital 2017 Español/Inglés, Estados Unidos. Derechos reservados de la autora.
Copyright © 2017. **Web:** www.carmenceciliadiaz.com

Beyond the Grave: Short stories

Colombian Oral Tradition

Carmen Cecilia Díaz de Almeida

All rights reserved
Total or partial reproduction of the material in this book is prohibited without the consent of the editor.
This publication conforms to all regulations set out by the Division of Registration of Intellectual Property of the Colombian Ministry of Internal Affairs (Colombian Law 23 of 1993)
Book cover design: Ricardo Martinez T.
Illustrations: Watercolor paintings by Carmen Cecilia Diaz de Almeida
© 1998 – *Formas Graficas, Bucaramanga (Colombia)*
© *Mundo de Ninos* Publishing Company, Ltd. Bogotá.
Layout: ©2011 IMPRETECNICOS, Bucaramanga
Web: www.carmenceciliadiaz.com
ISNB: 958-96733-8-4

CARMEN CECILIA DIAZ DE ALMEIDA

Carmen Cecilia Díaz de Almeida, autora y artista colombiana. Nacida en Piedecuesta (Santander). Ha publicado 33 libros de cultura, costumbres, sabiduría popular y folklore colombiano. Reconocida por la UNESCO y la Gobernación de Santander como "Patrimonio Cultural Viviente", por sus aportes e investigaciones con el objetivo principal de conservar y transmitir la tradición oral, sabiduría y folclor colombiano, despertando el sentimiento de identidad, continuidad y así promover el respeto a la diversidad cultural y creatividad humana.

Intelectual comprometida con la Docencia-Educación y la Investigación de la Tradición Oral y Cultura en la región de Piedecuesta, Santander. Asesora en Universidades, Conferencista y Radio-locutora.

Realizó estudios profesionales de Historia de Colombia en la Universidad Industrial de Santander UIS, de Filosofía y Letras en la Universidad de Santo Tomás de Aquino, de Español y de Literatura en la Universidad de Pamplona. Hizo sus estudios primarios y secundarios en el Colegio de La Presentación de Piedecuesta y en la Escuela Normal Superior de Bucaramanga, allí obtuvo el título de Maestra Superior. Está casada y tiene dos hijos.

TAMBIEN DE CARMEN CECILIA DIAZ DE ALMEIDA

Colección Tradición Oral Colombiana:
A calzón quitao (1992)
Los pregones de mi pueblo (1994)
El Trabalengüero (1997)
Cuentos de miedo (1998)
Cualquier parecido es mera coincidencia (1999)
Coplas, refranes y dichos para niños (1999)
Creencias y costumbres de mi pueblo (2001)
Más decires de mi pueblo (2017)
Cuentos de Miedo – Spanish/English Version (2017)

Sabiduría Popular Colombiana:
Secretos caseros de nuestras abuelas (1990)
Piedecuesta Mi patria Chica (1995)
Bucaramanga, señorial y bella (1995)
El trajín de la crianza (2000)
Santander (2004)
Recuerdos de mecedora (2008)

Colección Vivencias:
Los sentimientos no se compran en la tienda (2003)
Mensajes para fechas especiales (2004)
Sentir, asombrarse y vivir (2005)
Trocitos de paz (2005)
Las siete gracias de la felicidad (2010)
El poder del pero (2011)

Colección de Cívica y Urbanidad:
El señorío se aprende en Casa. Civismo, buenas costumbres y etiqueta (2008)

Colección Poemas:
A través de la luz (2002)

Colección de cuentos:
El espantapájaros que tenía corazón (2003)

Libros publicados por la Editorial San Pablo:
Comunícate (1992)
Refranes y otras cosas de la ilustre Villa del Garrote (1984)
Secretos manuales para embellecer el hogar (2001)
Cuentos para niños de 1 a 100 años (2005)
No pierda el impulso (2005)
Un mensaje para mí (2006)

About the author

Carmen Cecilia Diaz de Almeida, *was born in Piedecuesta, Colombia. She completed her primary education in the public school of her hometown and her secondary education at Colegio de la Presentación in the municipality of Piedecuesta and at the Superior National Pedagogy School in Bucaramanga. Regarding her tertiary education, Ms. Diaz de Almeida completed Colombian History studies at Universidad Industrial de Santander, a Bachelor's Degree in Philosophy and Literature at Universidad Santo Tomas of Bucaramanga, Colombia and a Bachelor's Degree in Spanish Language and Literature at Universidad de Pamplona.*

Carmen Cecilia Diaz de Almeida is an expert at teaching Colombian History, a Bachelor in Philosophy and Literature, a Graduate Specialist in Spanish and Literature Teaching Methodology. She has devoted most of her life to instruction, being appointed as a teacher at the Escuela Anexa of the National Pedagogy School and at the "Aurelio Martinez Mutis" School of Bucaramanga.

She has also been a speaker, cofounder and president of the Academy of History of Piedecuesta and the Manos de Esperanza Foundation. She has been an advisor of the PEP (Program for Professional Excellence) program and a producer of the radio broadcasting program "Family: the World's hope" at the Metropolitan Catholic radio station.

Other works by the same author

Proverbs and other adages from Piedecuesta, the renowned Villa of the Cudgel (1984)
Home secrets of our grandmothers (1990)
Communicate yourself (1992)
A calzón quitao [Bluntly] (1992)
Proclamations from my hometown (1994)
Bucaramanga: a stately and beautiful city (1994)
Piedecuesta, my hometown (1995)
The tongue-twister book (1997)

Beyond the Grave – Short Stories.Oral Tradition (1998) English (2017)
Popular rhymes, proverbs, brainteasers, and sayings for children (1999)
Raising children: a hard work (2000)
Writers from the Villa de San Carlos del Pie de la Cuesta (2000)
Customs and beliefs of my hometown (2001)
Handmade secrets to make your home more beautiful (2001)
Through the light (2002)
Feelings cannot be bought on a convenience store (2003)
The scarecrow with a heart (2003)
Santander (2004)
Messages for special occasions (2004)
Feeling, surprising, and living (2005)
Pieces of peace (2005)
Tales for children from 1 to 100 years old (2005)
Education and good manners are learnt at home (2008)
The Seven Graces of Happiness (2010)
The power of pero (2011)

A los abuelos de Colombia

This book is dedicated to the elderly population of Colombia

Contenido Cuentos de Miedo

Prólogo   15
Prologue   17
Introducción   19
Introduction   21
Cuentos de Miedo. Tradición Oral Colombiana   22
Beyond the Grave:Short stories. Colombian Oral Tradition   22

1. Ella se despidió con una caricia conocida   22
Farewell with a well-known caress   23
2. Alejandro estuvo en el túnel de la muerte   24
Alejandro was in the Death Tunnel   25
3. Un lamento de ultratumba sirvió de protección   26
Her Afterlife cry was a Warning Sign   27
4. El espíritu está donde se hallan nuestros intereses   28
The spirit is where our interests are   29
5. En el parque Uribe sale un penitente   30
A Penitent is seen at the Uribe Park   31
6. Chanza pesada   32
A Bad Joke   33
7. Don Miguel cuida su finca después de muerto   34
Don Miguel watches over his farm after his death   35
8. Fantasmas de medianoche   36
Midnight Ghosts   37
9. Atado de fémures para una modista   38
A bunch of femur bones for a dressmaker   39
10. Amaneció en una tumba vacía   40
He woke up inside an empty tomb   41
11. Unos ojos anhelantes a través del cristal   42
Longing eyes looking out through the glass   43
12. Fantasmas   44
Ghosts   45
13. Despedida de una colegiala   46
Farewell of a school girl   47
14. El esqueleto indicaba el lugar del entierro   48
The skeleton pointed at the treasure   49
15. El hombre de negro hacía ruido como de latas   50
The man in black made tin can noises   51
16. Algún ser sobrenatural lo quería acompañar   52
Some supernatural being wanted to go with him   53
17. La lengua amenazaba con desprenderse   54

Detaching tongue — 55
18. La modista derrochadora — 56
The wasteful dressmaker — 57
19. Quedaron despiertos, petrificados del susto — 58
They stayed awake, petrified with fear — 59
20. Gumercinda penaba en la cocina — 60
Gumercinda: a soul in torment in the kitchen — 61
21. Las cosas relacionadas con Dios y sus ministros se deben respetar — 62
Respect for the things of God and His ministers — 63
22. El burro que habló — 64
The donkey talked to Bonifacio — 65
23. La llorona — 66
The Wailing Woman — 67
24. El sacerdote cazador — 68
The Hunter Priest — 69
25. El burro quería meterse dentro de la hornilla — 70
The donkey wanted to get inside the mill burners — 71
26. El Macaluco — 72
Macaluco — 73
27. La Mancarita — 74
Mancarita — 75
28. Tal vez un peligro se cernía sobre ellos — 76
Perhaps, some danger was haunting them — 77
29. Por borracho le pelotearon las ánimas — 78
The souls kicked him like a ball — 79
30. Buen amigo estuvo de visita — 80
Good Friend came to visit — 81
31. Las brujas a veces se llevan a los niños — 82
Sometimes, witches take children with them — 83
32. Todo se paga en esta vida — 84
You are paid for what you do in life — 85
33. Cacería de brujas — 86
Witch hunt — 87
34. La casa verde — 88
The Green House — 89
35. El carro perdido — 90
The lost car — 91
36. Brujería peligrosa — 92
Dangerous Witchcraft — 93
37. Lo salvó un aviso celestial — 94
A sign from heaven saved his life — 95
38. El duende se la quería llevar — 96
An elf wanted to take her — 97
39. Unas pisadas que ya lo alcanzaban — 98
The footsteps almost got him — 99

40. Los Doce Apóstoles cuidan personas y bienes 100
The twelve apostles look after people and assets 101
41. Murió en medio de la desesperación 102
He died in desperation 103
42. A veces la desocupación es el taller del diablo 104
Sometimes, Idleness is the devil's workshop 105
43. Hay influencias maléficas que propician la discordia 106
Malicious forces encourage contention 107
44. La pereza es mala consejera 108
Laziness is a bad advisor 109
45. Pacto con el diablo 110
A Pact with the Devil 111
46. Un hombre de ultratumba le hacía señas con la mano 112
A man from beyond the grave beckoned her with his hand 113
47. Como es la vida es la muerte 114
You die the same way you live 115
48. Quizá la amiga le quería avisar su próxima partida 116
Maybe her friend wanted to her to know that she was about to leave 117
49. En su última hora se quiso despedir 118
He wanted to say good-bye during his last hour 119
50. El fantasma de verdad 120
The true ghost 121
51. Luis bailó con alguien del otro mundo 122
Luis danced with someone from the afterlife 123
52. La casa verde 124
The Green House 125

Prólogo

La historia americana reúne en todas latitudes, un volumen generoso de espectadores e investigadores que anhelan el mejor contacto con sus raíces. En esta entrega, Carmen Cecilia Díaz de Almeida les ofrenda con una dosis excelente de genialidad macondiana.

Si intentamos conceptualizar, el libro es un genuino rescate de nuestra hermosa Tradición Popular y le proclamaríamos como el documento de identificación de la vida de un pueblo.

La obra "CUENTOS DE MIEDO, TRADICION ORAL" les provocará a riesgo de no equivocarme ilusión y avidez en incesante progresión. Resulta ella, prueba excelsa de una imperturbable consagración al análisis de la riqueza idiomática y espiritual de la nación Colombiana, por parte de la autora.

El lector deberá estar desprevenido, abandonar sus armas y prejuicios en relación con el estilo que en mi concepto tienen el mismo significado, al penetrar las líneas del escrito. El correr de las páginas le premiara este gesto de renuncia.

Amor por la creación de las generaciones que nos precedieron en el disfrute de este maravilloso espacio de la geografía, es lo que recibimos a través de los relatos que seguirán. Mi otrora maestra de literatura sabe que el amor, es la materia prima de nuestra interioridad, comunicándonos un constructivo orgullo por los mitos, costumbres y tradiciones que le rodean, busca con paciencia a ese primogénito de los sentimientos a través de cada palabra y al final hace que inevitablemente le encontremos.

Considero que la referida capacidad de transmitir cariño, admiración y respeto por la experiencia popular de hoy y de antaño, es la cualidad más importante de que goza este libro, la obra general del artista y en general sus actuaciones. La forma sin embargo, no ocupa sitio menos relevante en las preocupaciones que denota esta expresión: "Es suave, digerible y universal, adjetivos que debieran ser aplicables a todas las producciones del ingenio".

Con los mensajes de Carmen Cecilia se logra plenitud, ninguna de las experiencias más sobrecogedoras del ser humano acerca de lo mítico e inexplicable, se echa de menos. En comunión con los partidarios de los prólogos breves, disfrutemos.

Luis Eduardo Meza Jurado

Prologue

A broad range of history fans and researchers in the American continent has always craved for improving their contact with their roots. This book by Carmen Cecilia Diaz de Almeida offers an excellent dose of Macondian geniality strokes.

This book represents a genuine rescue of our beautiful popular tradition and can be construed as an identification document that depicts the life of ordinary people.

If I am not mistaken, this book entitled "BEYOND THE GRAVE – ORAL TRADITION" will elicit a progressive feeling of illusion and eagerness. This is the result of the imperturbable dedication of the author to the analysis of the language and spiritual richness of Colombia.

The reader ought to be unaware and throw all defense weapons and prejudices regarding the style of these lines because I believe the message is only one. As you advance in the reading of these stories, you will feel rewarded for this mark of confidence.

You are about to perceive the love of our forebears for this wonderful territory in all the stories of this book. As my former literature teacher used to say: love is the raw material in our inner self. Love is the foundation of this constructive pride for our myths, customs, and traditions. Love seeks the meaning of each word patiently and eventually it finds it.

I firmly believe that the above mentioned capacity of transmitting love, admiration, and respect for current and former experience and knowledge is the most important quality of this book, the author, and her general actions. The reasons of form, however, are not less important in the concerns of people, as it is stated in this expression "a book ought to be soft, digestible, and universal and these adjectives should be applied to all creativity productions".

Carmen Cecilia's messages conveys entirety because of all the overwhelming experiences of human beings described. Since I agree with the advocates of brief prologues, let us enjoy these stories now.

Introducción

Todos los pueblos de Colombia, se han distinguido siempre porque tienen en su haber, un filón inmenso de Sabiduría Popular y buena parte de ella ha llegado hasta hoy por medio de la tradición oral.

En este trabajo, se presenta una recopilación de narraciones, un cuadro costumbrista pintado sobre trasfondo matizado con el color de fantasmas, apariciones y espantos. Las ideas e informaciones tienen origen en las referencias directas de personas oriundas de esta región.

"CUENTOS DE MIEDO, TRADICION ORAL", es como un cofre de sorpresas, que al abrirlo con la llave de la imaginación grafica, hará las delicias de las personas que desean regresar, por los laberintos de la memoria para revivir los cuentos oídos de boca de abuelas, mamás y niñeras que a falta de sofisticados medios de comunicación, mantenían a todos ocupados, atentos y divertidos.

Los jóvenes lectores encontrarán material de interés, emoción, sorpresa y sobre todo, miedo.

Como herencia cultural estos relatos son propios, extraídos del pueblo y merecen total aprecio y la difusión de multiplicadores para conservar esa joya ancestral que en buena hora se recuperó del baúl de los recuerdos para deleite de las nuevas generaciones.

Introduction

All Colombian towns possess an immense vein of popular wisdom and a large proportion of it has come in contact with us through to oral tradition.

This book consists of a collection of stories and in this sense it is like a costumbrist painting whose background is composed by color strokes made by ghosts, apparitions, and fright. The ideas and information in this book come from direct references given by native people of this region.

"BEYOND THE GRAVE – ORAL TRADITION" is like a chest full of surprises. This chest is opened by the key of graphic imagination and people witnessing this action will be delighted to go over the labyrinths of memory to bring all the stories told by their grandparents, mothers, and nannies to life. These important persons in our life managed to keep all the attention on them in an age when sophisticated communication media did not exist.

Young readers will also find in this material a source of interest, emotion, surprise, and, above all, fear.

As the cultural heritage they represent, these stories come directly from the people. As such, they have elicited not only appreciation from listeners but the strong desire to preserve this ancestral jewel. The author has rescued these stories from the storehouse of memory in order to be enjoyed by the new generations.

1. Ella se despidió con una caricia conocida

La mamá estaba interna en la clínica, aquejada por algunas dolencias. La hija se había quedado en casa.

Transcurrieron cinco días, cuando una noche, justo a las doce en punto, la hija sintió en la puerta de su cuarto, el tintineo que produce tocar con las puntas de las uñas, gesto cariñoso característico que a manera de clave de amor, utilizaban las dos cada vez que se visitaban; sin embargo, parece que ésta era la despedida, porque al día siguiente, la mamá falleció. Se le cansó el corazón, sabe Dios cuantas penas y sinsabores ayudarían a debilitarla; pero debía existir una amistad linda entre mamá e hija porque ella no quiso irse sin decirle adiós con una caricia de amor conocida.

El amor es un sentimiento tan especial que aun en momentos supremos aparta un instante para manifestarse.

Farewell with a well-known caress

Her mother was in the hospital because she did not feel well. Her daughter had decided to stay home.

Five days passed and then, one night, just before midnight, the daughter heard the sound of somebody knocking on her bedroom door with the tip of the nails; this was in fact a loving sign between the mother and daughter when they visited each other. However, it seems that this was in fact a farewell because the mother passed away the next day. Her heart got tired and God knows the sorrows and distress she was enduring. The fact is that there was a lovely friendship between them because the mother did not want to leave this world without saying good-bye to her daughter by making this loving sign they both know.

Love is such a special feeling that it manifests even during the most dramatic moments of our life.

2. Alejandro estuvo en el túnel de la muerte

Alejandro enfermó y fue llevado a la clínica, allí permaneció durante varios días inconsciente, en cuidados intensivos a borde de la muerte.

Durante el lapso de mayor gravedad, dice que soñó haciendo una fila en compañía de otras personas y todas tenían que subir una cuesta, pero que él casi no era capaz y se quería quedar rezagado, entonces un hombre mayor que ordenaba le decía: "Alejandro tienen que seguir, le quedan muchas cosas por hacer" y él obedecía.

Alejandro dice que en la fila vio a un amigo, al cual ese hombre que tenía mando le ordenó que se quedara y el amigo acató.

Cuando Alejandro salió de la clínica recuperado, se llevó la más grande de las sorpresas, porque su amigo, ese, al cual vio en el sueño había fallecido.

Tal vez fue una premonición en la cual se avisaba la muerte de su amigo.

Alejandro was in the Death Tunnel

Alejandro got ill and was taken to the clinic where he stayed unconscious in the Intensive Care Unit for several days, on the brink of death.

He says that during the stage of most severity, he dreamt about standing in line among other people. They had to go up a hill but he barely could it; he started to fall behind until an old man who was in control of the situation came to him and ordered him: "Alejandro, you have to continue walking. You still have a lot of things to do" and Alejandro obeyed.

Alejandro says that he saw of friend on his standing in line too. The old man in command order his friend to stay behind and his friend obeyed.

We Alejandro was discharged from the hospital completely recovered from his illness, he was shocked with the news. That friend he saw lining up with him in his dream had passed away. Perhaps this was a premonition about the death of his friend.

3. Un lamento de ultratumba sirvió de protección

A las doce de la noche del mes de noviembre, madre e hijo preparaban sendos exámenes para la Universidad. De pronto se oyó en la calle, un grito sobrenatural de mujer, algo así como los sollozos de un alma en pena. Era espeluznante esa aterradora estridencia lastimera que retumbaba cerca. Se sobresaltaron tanto que no podían articular palabra.

Una vez repuestos del susto, conversaron algo sobre el origen del suceso y concluyeron que era de ultratumba. En éstas se encontraban, cuando la mamá miró hacia el piso y advirtió que se dirigía hacia ella un alacrán, que le hubiera causado grandes quebrantos de salud.

Los dos estuvieron de acuerdo en asociar ese lamento, con un aviso protector de alguna alma que los acompañaba.

Her Afterlife cry was a Warning Sign

It was midnight on any day of November. A mother and her son were very busy working on some university exams. Suddenly, an otherworldly cry was heard on the nearby street. It was something like a cry accompanied by sobs of a soul in torment. That frightening shrillness full of sorrow coming from the vicinity was eerie indeed. The mother and her son were so startled that they were incapable of articulating a word.

Once they had recovered from their fright, they talked about the possible origin of this event and they came to the conclusion that this had to be something from the afterlife. Suddenly, something captured the attention of the lady who turned her head and saw a scorpion coming towards her. Fortunately, she could react and avoid it because its venom would certainly cause her health problems.

Both, the mother and her son, concluded that this cry they heard was a protecting warning coming from a soul who was with them at that moment.

4. El espíritu está donde se hallan nuestros intereses

Hace muchos años no había bancos, por consiguiente, las personas mantenían guardado su dinero en casa.

Una noche acompañada de ruidos y ladridos de perros, Isabel despertó y decidió dar una ronda para averiguar cómo se encontraba su hogar. Cuando fue al jardín vio a un hombre, recostado contra la pared y con la mano derecha tapaba un hueco que estaba disimulado. Ella se sorprendió al recordar que su hermano estaba fuera de casa y dijo: "Jesús Creo", al tiempo que se santiguaba y el hombre desaparecía.

Al día siguiente, llegó él. Inmediatamente Isabel lo hizo partícipe del suceso de la noche anterior; fue ahí cuando él le contó que justo en ese lugar tenía guardado su dinero; luego de comprobarlo, concluyeron que el espíritu está donde se hallan sus intereses.

The spirit is where our interests are

There was a time where towns did not have banks and people had to keep their money at home.

One of those nights full of noises and the barking of dogs, Isabel suddenly woke up and decided to walk around the house the check if everything was alright at home.

When she entered the garden, she was surprised to see a man leaning against the wall, covering a hole with his right hand. That hole was not evident at first glance but anyway the man was trying to conceal it. To her surprise, that man looked very much like her brother and she was certain that he was not at home at the moment. She then exclaimed "Jesus Christ" and crossed herself; the man vanished.

Her brother returned home on the following day and Isabel told him in detail the event she had experienced the night before. Her brother said that he kept his money and savings in that precise place. After proving that the money was there, they concluded that the spirit stays where the interests of the human being are.

5. En el parque Uribe sale un penitente

En el parque Uribe en la ciudad de Piedecuesta, población ubicada en el departamento de Santander, por el mes de noviembre y a avanzadas horas de la noche, ven a un nazareno[1] que camina, mientras pasa con sus manos las cuentas del rosario.

Dicen los que los han visto, que va agachado, no es agresivo y oculta el rostro con un capirote y no pisa el suelo; sin embargo, más de una persona a las cuales se les ha aparecido este espanto, luego de la primera impresión, se les eriza la piel y cuando van a hablar no pueden.

Comentan por ahí que era un penitente desordenado, mal esposo y muy irresponsable que estaba penando para pagar sus culpas cometidas en vida.

[1] Penitente de túnica morada, en las procesiones de Semana Santa.

A Penitent is seen at the Uribe Park

A Nazarene[1] is seen wandering late at night during the month of November at the Uribe Park, in the city of Piedecuesta in the Colombian Regional Department of Santander, slowly passing the beads of a rosary through his fingers.

People who have seen him say that the Nazarene is not aggressive; he merely goes by without touching the ground or crouches down and hides his face behind a pointed hood with a mask. However, several people have reported that seeing this ghost for the first time has given them goose bumps and when they have tried to talk, words cannot come out of their mouths.

People in the neighborhood say that he was a messy penitent, a terrible husband and an unaccountable person who is expiating his blames in life.

[1] A nazarene is a male member of a lay organization that participate in processions during the holy week. He usually dresses in purple during the ceremonies.

6. Chanza pesada

Corría el mes de noviembre y en el pueblo se aproximaban las graduaciones. Al tiempo, la abuelita Julia tenía que ser internada en la clínica por causa de ciertas dolencias. Carlos, amigo de la familia, era el médico y la asistía con mucha dedicación. Para sobrellevar la enfermedad, a ratos compartían momentos de humor, pero ya en la última semana, el estado de ella empeoró y entre chanza y chanza él le decía: "Julia esto no tiene arreglo" y ella resignada le seguía la corriente y también en broma le replicaba: "está bien, pero usted se va conmigo, yo me lo llevo".

Pasó la semana y el estado de salud de la enferma empeoró. El sábado siguiente fueron los grados y Carlos, el médico estaba invitado. Antes de irse a la fiesta pasó por la clínica para dar la consabida ronda, llamó a los familiares y les dijo que Julia no pasaba de esa noche, le recetó algo más y se marchó.

Efectivamente, a eso de las once de la noche falleció Julia. Habría transcurrido una hora, cuando el médico que departía feliz en una reunión familiar, se sintió mal y pidió que lo llevaran a la casa.

Apenas llegaron, él se sentó en una silla, muy fatigado, como si le pesara el cuerpo y en ese momento dejó de existir a causa de un fulminante infarto.

La chanza que le dirigiera Julia, se cumplió. Con las cosas de la otra vida, no se puede jugar.

A Bad Joke

It was November, the month of the graduation ceremony in this little town. At the same time, Grandma Julia had to be hospitalized for some affliction she had. Carlos, a friend of the family, was the medical doctor and assisted Julia with devotion and care. In order to cope with her illness, both the doctor and the old woman share some jokes. However, during the last week of November, the health condition of Julia got worse and the Carlos said, always in a playful manner "Julia, this is unfixable" and she, following the doctor's joke, replied "OK, but you are coming with me, I will not let you here"

One week afterward, the health condition of the old lady deteriorated even more. The school graduation ceremony took place on the Saturday of that week and Carlos was invited as one of the guests. He decided to visit Julia before going to the party and he decided to call her relatives to tell them that Julia would not survive that night. He prescribed her with some medication and left for the party.

As the doctor had said, Julia passed away at about 11 pm that night while the doctor enjoyed the graduation night. One hour after Julia's demise, the doctor said he was not feeling well and asked some friends to take him home.

In his house, the Carlos sat down. He was exhausted and felt his body so heavy that it was difficult for him to stand up. His illness progressed so quickly that he had a heart attack and died very shortly afterward.

Julia's joke had become true. Nobody can play with the afterlife.

7. Don Miguel cuida su finca después de muerto

Cierta noche, dos jóvenes que pasaban vacaciones en una hacienda de La Mesa de los Santos, salieron a dar una vuelta, encontraron una casa abandonada a la orilla del camino a la cual entraron atraídos por una abundante cosecha de naranjas.

Ellos felices cogían las frutas, cuando de pronto apareció un señor de aspecto respetable que les pregunto: ¿Qué hacen? Ellos un poco temerosos, respondieron: "Estábamos con hambre y decidimos bajar unas naranjas para comer".

El señor les dijo que él era Miguel, el dueño. Los muchachos avergonzados, se excusaron lo mejor que pudieron y tomaron el camino de regreso a casa. Cuando llegaron, relataron lo sucedido.

Entonces, los familiares les contaron que don Miguel había muerto hacía muchos años, una noche a manos de los ladrones que lo enterraron en el bosque y nunca fue encontrado.

De ahí en adelante, en las noches de luna, a las personas que se atrevan a pisar sus antiguos predios, él se les parece. Tal vez cuida la finca que fuera suya en vida...

Don Miguel watches over his farm after his death

Two young men were at La Mesa de los Santos spending their holidays. One night, they went out for a walk and found an abandoned house on the side of the road. The saw a lot of oranges hanging from the trees planted on this property.

They were happy harvesting the fruit when a very respectable-looking man approached them and asked "What are you doing?" A little bit scared they answered "we were hungry and decided to pick some oranges".

The man introduced himself as Miguel, the owner of the farm. The two men were embarrassed and apologized for their lack of respect. They left that farm and returned to the house where they were staying. When they arrived, they told the other residents what had happened to them.

Then, their relatives told them that Don Miguel had died several years ago. Some thieved had killed him at night and they buried him in the forest where nobody could find the body.

Don Miguel continued to watch over his farm after his death, particularly during full moon nights. His spirit appears before the people who dare to step on his land. Maybe he is watching over the farm that belonged to him when he was alive.

8. Fantasmas de medianoche

La niña se fue a estudiar a otra ciudad. Allí, en casa de una familiar le ofrecieron albergue. Ella compartía habitación con la dueña de la casa. El cuarto estaba sostenido por una columna.

Cierta noche, uno de los hijos de la señora llegó tarde y le dio por echar un vistazo al cuarto de la mamá y cuál no sería la sorpresa, porque vio a un hombre muy alto recostado contra la columna que miraba hacia la cama de la niña. El joven invocó a Dios y se hizo la señal de la cruz. Enseguida el fantasma desapareció.

En buena hora, la niña nunca se enteró. Cuando hubo recorrido el tiempo, contaron esta historia y ella fue la más sorprendida, porque nunca vio nada ni sintió temor. Tal vez alguna alma la acompañaba.

Midnight Ghosts

A girl decided to leave her hometown and study in another city. There, some relatives offered her a place to stay. She shared the same bedroom with the owner of the house. The whole room rested in a single column.

Then, one night, one of the children of the lady arrived late and went to her mother's bedroom to check on her. To his surprise, he saw a man leaning against the column looking to the girl in her bed. The young man invoked the name of God and crossed himself. In that precise moment the ghost vanished.

Fortunately, the girl never heard about this incident. Only when time passed, they decided to tell the girl about this event and she was very surprised to realize that she never hear of saw anything. Maybe this man was a soul who was there to give her company.

9. Atado de fémures para una modista

Hace mucho tiempo, cuando no había luz eléctrica, las modistas tenían que coser a expensas de una vela.

Esa noche, Inés se había dejado coger el tarde. De pronto tocaron a la puerta. Ella abrió para ver de quién se trataba. Era una mujer muy delgada y pálida que le ofrecía un paquete de velas y al tiempo le decía: "acuéstese, deje descansar a las almas". Inés se justificó, dijo que debía entregar una prenda muy temprano en la mañana, le dio las gracias, cerró la puerta y fue a deshacer el paquete sobre una mesa. Allí quedó desparramado un atado de fémures.

Ante este cuadro tan espeluznante, ella sintió que le corría un frío por todo el cuerpo, sin atinar siquiera a gritar. Pero como era una mujer valiente logró sobreponerse, rápidamente rezó e invocó la protección de Dios y tomó la decisión de nunca más quedarse trabajando hasta avanzadas horas de la noche.

A bunch of femur bones for a dressmaker

There was a time when electric power had not been discovered yet and dressmakers had to sew under the light of a candle.

One night, Ines was very busy because she was running late and some work had to be completed for the following day. Then, she heard somebody knocking on her door. When she opened the door she saw a skinny pale woman standing in front of her. That woman held a bunch of candles in her hands and offered it to the dressmaker while saying "go to bed, let souls rest". Ines explained to this lady that a garment she was sewing had to be completed early in the morning and thanked her for her concern. When she closed the door, she put the package on a table and started to unpack it. A bunch of femur bones spread over the table.

This image was so frightening for Ines that she felt a chill all over her body and could not even scream. However, she was a brave woman and could overcome her fear: she started to pray and invoking God's presence. Ines decided not to ever stay up working until late hours.

10. Amaneció en una tumba vacía

Corría el mes de noviembre, en una noche de pueblo tranquilo y José se había pasado de tragos, trataba de encontrar su casa cuando de un momento a otro se le apareció una mujer muy alta, estilizada y linda, vestida de blanco que con muchas atenciones le insinuó llevarlo a su destino.

Al verla tan hermosa y como él se hallaba en estado de embriaguez se dejó llevar. Dice que cuando ella se le acercaba, sentía como un escalofrió que le ponía todos los pelos de punta y las manos se le encalambraban, pero se reanimaba al mirarla de nuevo; además el licor que llevaba en la cabeza no le permitía percibir bien la realidad.

Ya iba cansado de tanto caminar y no se dio cuenta por donde pasaron, lo cierto es que al día siguiente, cuando despertó, sintió el cuerpo muy maltratado y tenía tanto frío como si le taladraran los huesos; todo entumecido apenas se pudo sentar y observar que se hallaba en el cementerio y dentro de una tumba vacía, temblaba y sudaba al comprender como había terminado una noche de tragos con visos de aventura.

He woke up inside an empty tomb

It was November in a quiet town and Jose had drunk too much. He was trying to find his way home when, right in front of him, a very tall, elegant and beautiful woman dressing in white offered him to show him the way to his destination.

Jose decided to accept the offer of this beautiful woman although he felt that when this woman came near him, he felt such a chill that his hair stands on end and her hands froze although forgot about this when he looked at her again. Besides, the spirits he had drunk did not let him perceive things the way they really were.

He was so tired of walking that he did not realize the places they were passing by. Anyway, when he woke up on the following day, he felt a lot of pain in his body and he was so cold that he literally felt that his bones being drilled. Totally numb, he could barely sit down to realize that he was in a cemetery, and worst of all, inside an empty tomb. He trembled and sweated when he finally realized how his night of drinks with a hint of adventure had ended.

11. Unos ojos anhelantes a través del cristal

El esposo estaba demorado en llegar del trabajo, Bertha lo esperaba en la sala cuyo ventanal daba a la calle. En esa vigilia se hallaba ella, cuando escuchó el ruido de un automóvil, como si hubiera llegado.

Bertha obedeció a esa corazonada, entreabrió la cortina para cerciorarse y ¡Qué sorpresa!... muy cerca, a una distancia de centímetros a través del vidrio, frente a frente, se encontró de manos a boca con un aterrador espanto que, tenía rostro pálido, en el cual sobresalían unos grandes ojos. Fue tal el impacto que la señora rodó por tierra sin sentido.

Cuando llegó el esposo, la encontró tendida en el suelo y allí una vez recuperada, les contó con detalles lo acaecido. Conversaron durante largo rato y recordaron algunos consejos de los abuelos que sugerían, no fisgar por las ventanas muy tarde la noche.

Longing eyes looking out through the glass

Her husband was late from work and Bertha waited patiently for him in the living room. The window of that living room overlooked the street. Her waking state was interrupted by the sound of a car parking outside. It seemed that her husband had arrived.

Bertha followed this hunch and half-opened the curtain to be sure and she was shocked to see a pair of eyes very close to the window glass, centimeters away from her, looking at her. It was a pale, terrifying ghost with very distinctive big eyes. The shock was so hard that Bertha fell down to the ground and fainted.

When her husband arrived, he found her lying on the floor, unconscious. After recovering from this shock, Bertha told her husband in detail what she had seen. They talked about this and remembered some advices from their grandparents that suggested not peeping through the windows very late at night.

12. Fantasmas

En una casa de estilo colonial, considerada monumento nacional, habitada hace mucho tiempo por ciudadanos alemanes y donde ahora funciona una entidad oficial, suceden cosas raras.

Dicen que esos moradores practicaban la magia y el espiritismo y ahora penan constantemente.

Algunos han visto personas altas de tez clara, que deambulan por los pasillos. Parece que se fastidiaran con los ruidos estridentes, porque en algunas oportunidades han oído voces que ordenan callar. También se oye como si le dieran palmadas a las puertas.

Una tarde, algún empleado trabajó durante horas al tiempo que escuchaba música clásica y él asegura que sintió como si le hubieran colocado una mano en el hombro, en forma cariñosa.
Esas apariciones ruidos y voces sólo son captadas por algunas personas, aquellas que tienen su radar sensible a fenómenos paranormales.

Ghosts

Weird things happen in an old house that was formerly inhabited by German people. This house is now considered a national monument of Colombia and the government organized there some public offices.

People in that house report to have seen tall, light-skin people wandering through the aisles and corridors. It seems that these entities do not like loud noises because people also say that they have heard voices demanding quietness and silence in the house. Some people have heard sounds of slaps on doors.

One afternoon, one employee stayed in the house working long hours while listening to classical music when he felt a hand on her shoulder, in a loving and tender manner.

This manifestation, noises and voices are only perceived by some people who have sensitive receptors for paranormal phenomena.

13. Despedida de una colegiala

Cierto día, en tiempos del apagón a las cuatro y media de la madrugada, estaba oscuro todavía, en un colegio de la ciudad se entregaban calificaciones, la profesora llegó temprano para arreglar el respectivo salón, con ayuda de unos pocos alumnos, porque los demás no estaban todavía. Ella fue a revisar cómo se hallaba. Al pasar por el frente de otras aulas sintió como si hubieran arrastrado todos los pupitres al tiempo.

Al oír esto, ella se asustó mucho porque sabía que no había nadie allí. Se devolvió rápido, ante lo cual, el celador de la institución le preguntó: ¿Qué le pasó profesora? Ella dijo: Nada y disimuló cuanto pudo.

Al rato, llegó otro colega, Feliciano, que iba a revisar su aula, saludó y fue por donde había pasado la profesora y momentos después, regresó desorbitado. Cuando él comentó lo acaecido, ella también lo confirmó. A los quince días falleció una alumna de la institución, se presume que ella vino a despedirse del colegio que le ofreció tantas oportunidades.

Farewell of a school girl

This happened during the electricity blackout days in a school. It was 4:30 in the morning and it was dark. A teacher had arrived to school early that morning because it was the day when she had to submit the final grades to the school. The teacher started to organize the classroom desks with the help of some students who had arrived early too. She decided to give a final check this organization and passed by other classrooms on her way. As she walked, she heard a very strange noise coming out of one classroom, as if all desks were dragged around the classroom at once.

Very scared, she turned her head to check on that noise. She knew nobody was there and decided to return quickly to where she was. One security guard from the institution asked her "what is wrong, teacher"? She replied "nothing, just nothing"; she thought that it was just imagination and decided to hide her emotions about this event.

Feliciano, another teacher, arrived afterwards to check the organization of his classroom. He said hello and walked through the same corridor his colleague had walked minutes before. Shortly afterward, he returned with his eyes broad opened and very agitated. He also had heard the same noise of desks being moved by an invisible force. The other teacher said that something similar had happened to her.

A student from this school died fifteen days after these events. The teachers thought that she had come to say goodbye to the place that had given her so many opportunities.

14. El esqueleto indicaba el lugar del entierro

En la hacienda decidieron enviar un regalo de comestibles a un pariente que vivía cerca. La niña salió con dichas provisiones en su canastico. Iba ella muy tranquila por el camino, cuando escuchó un ruido y enseguida se encontró con una visión terrorífica. Era un esqueleto en cuclillas que con desdentada sonrisa, el vacío de las orbitas oculares y su huesuda mano, provista de una totuma con la cual arañaba el suelo, sacaba tierra y piedras y con la otra la llamaba para que fuera y con el índice señalaba ahí mismo, el sitio preciso. Ella se detuvo a mirarlo y como le hacía señas y señas, se asustó mucho y lo único que se le ocurrió hacer fue correr loma abajo, cayó a una quebrada en la cual la pobre niña casi se ahoga y perdió el canasto con el obsequio. Apenas pudo reaccionar, fue a dar a su destino, pero toda mojada y muy nerviosa. Por supuesto, los señores averiguaron la causa; ellos poco creyeron; sin embargo, la niña no quiso regresar sola y les clamó que la acompañaran.

Ella nunca más volvió por allí sola. Cuentan los vecinos del lugar que algún tiempo después de acaecido el espanto, unos jornaleros se encontraron en ese sitio, una moya de barro llena de morrocotas de oro.

The skeleton pointed at the treasure

People in the hacienda decided to send some food to a relative who lived nearby and told a girl to take it there. The child left the hacienda with his little basket and the food. She was peacefully walking along the path when she heard a noise and saw a horrific vision. It was a skeleton was in a squatting position, with a toothless smile, empty orbits empty and bony hands. With one of this hand, the skeleton appeared to be scratching the ground, pulling out stones and dirt. The other hand called the girl to approach, and the bony index finger pointed at a specific point on the ground.

The girl stopped to look at the skeleton but got very scared when she saw it calling her with that bony hand. The only thing that occurred to her was to throw the basket with the food and run down the hill. Then, she accidently fell on a creek and almost got drowned. She managed to get out of the water and run toward her destination and arrived there very wet and nervous. Her relatives asked her why she was in such condition and the girl told them about the skeleton she had met on her way. The relatives did not believe her story completely and upon completing her visit, the girl asked them the favor to accompany her because she did not want to return home alone.

She never walked again around that area alone. Then, the time passed and some day laborers found, in that precise place, a clay pot full of ancient gold coins.

15. El hombre de negro hacía ruido como de latas

Era media noche. Mientras ella se incorporaba en la cama, el infernal toque en la puerta de la calle alcanzó tal estridencia, que pensó en la posible molestia causada al vecindario.

Muy fastidiada la dueña de casa, abrió la puerta de un golpe. Era un hombre vestido de negro, de cabeza cana, que automáticamente dio media vuelta, no dejó ver su cara y empezó a caminar con cierta celeridad. La señora lo llamó "¡Señor!, ¡Señor!" ¿Qué necesita? Sin atender a este llamado, él siguió su camino, pero la señora advirtió que se oía un ruido como de latas arrastradas o como si llevara herraduras; enseguida los perros del sector empezaron a aullar de tal manera que parecían lamentos de ultratumba. Ahí si de verdad sintió miedo, sin embargo, esperó un momento más y vio que el hombre de negro iba flotando a centímetros del suelo.

Cuando llegó a la siguiente calle, antes de cruzar, abrió los brazos en actitud de volar... La señora no podía hablar y cuando regresó al lecho conyugal cayó sin sentido. El esposo la atendió, la abrigó con mantas, cuando volvió en sí le relató lo que le había sucedido. El señor de la casa la reconvino para que fuera más prudente al abrir la puerta durante la noche.

The man in black made tin can noises

It was midnight. She was about to get in bed when there was this noise coming out her door. Somebody was knocking on her door very so loudly and hellishly that she thought how upset her neighbors might become.

Angrily, the woman opened the door at once. Right in front of her, there was a man dressed in black and her head covered with grey hair. In a fraction of a second, the man turned his head, concealed his face and began to walk in an opposite direction. The woman called him "hey sir! sir! What do you need?" The man, without paying to her, continued walking his way However, the woman noticed a sound of dragging tin cans or horseshoes as he got away from the entrance of her house. Soon, the dogs of the neighborhood started to howl in such a way that it seemed more like wailing sounds from the afterlife. Although she felt very scared in that moment, she decided to wait for a moment to look closely. She saw the man in black floating some centimeters above the ground.

The man continued walking down the street and before crossing over, he extended his hands as if he was going to fly. The lady was speechless and returned to the marriage bed, she fainted. Her husband helped her and covered her with blankets. When she regained consciousness, she told her husband what she just had seen. Her husband asked her to be more cautious and careful before opening the main door at night.

16. Algún ser sobrenatural lo quería acompañar

Andrés tenía una cita con su novia que vivía a diez minutos de su casa en bicicleta. Le avisó a la mamá y se fue a cumplir con el compromiso. Apenas inició el sendero, apareció detrás de él un carro que pacientemente le alumbraba el camino, Andrés percibía el ruido del automóvil, iba muy tranquilo porque se sabía acompañado.

Cuando llegó a una bifurcación de la vía principal, Andrés paró su bicicleta para agradecer la atención de la cual había sido objeto. Se quedó estupefacto, al darse cuenta de que no había automóvil alguno y la carretera estaba desierta. En ese momento, muy asustado pedaleó a toda máquina y llegó acezante y pálido a la residencia de su novia. Allí les contó la experiencia y regresó rápido porque debía pasar solo por el mismo lugar.

Luego comentaron en casa el suceso y estuvieron de acuerdo en que podía ser el Ángel de la Guarda o algo sobrenatural que lo quería proteger.

Some supernatural being wanted to go with him

Andres had a date with his girlfriend who lived only 10 minutes bike riding from his house. She said goodbye to his mother and left on time for his date. As soon as he hit the road, he saw a car behind him whose lights made his way clear. The car patiently advanced behind him and Andrés felt he was not alone on the road because the car noise gave him company.

When he reached the fork of the main road with the path toward his destination, Andres stopped his bike to thank the driver of the car for having lighting the road for him. He was surprised to realize that there was not any car behind him. The road was deserted. Very scared, he quickly started to peddle the bicycle the fast he could and arrived to his girlfriend's house gasping and puffing, his face pale, due to this experience.

In his girlfriend's house, he told the family this event in detail and decided to go back home as soon as possible because he had to ride his bike across the same place.

His girlfriend's relatives stayed in the house talking about this event and everybody concurred on thinking that this might have been his Guardian Angel or something of supernatural origin that wanted to protect Andres from any trouble.

17. La lengua amenazaba con desprenderse

Ese vecindario había tenido que sufrir con verdadero estoicismo, los rigores de chismes sin cuento, propiciados por un hombre desocupado y malcriado que enemistaba a todo el que podía, por el solo placer de ver a la gente pelear.

Ya todos lo conocían, por consiguiente, lo trataban con cuidado y cierto temor por las consecuencias que les podía acarrear.

El hombre en mención fue dejado por el tiempo, se volvió viejo y un buen día dejó de existir. A la hora de entregar su cuenta, estuvo muy desesperado; cuentan testigos presenciales que debió soportar el peor de los desasosiegos, decía que se le quemaba la lengua y la sacaba en tan horripilante estertor que causaba espanto, le llegaba hasta el pecho, sangraba por los lados como si quisiera arrancarse de raíz.

Apenas murió, en cuantas se vieron para introducirle la lengua dentro de su boca.

Seguramente había causado demasiados males con la lengua, porque sus últimos momentos fueron desesperados. Fácilmente se olvida que llegará el día de partir y ojalá nos sorprenda con el equipaje lleno de buenas obras.

Detaching tongue

This is about a neighborhood that had to endure stoically the unfounded and malicious gossip made up by an idle and uneducated man whose only goal in life was to turn neighbors against each other only for the sake of seeing people fighting.

Everybody knew him and therefore they treated him with certain apprehension based on the consequences that might result from talking to him.

This talebearer man was left into oblivion and got old until one day when he died. Witnesses say that, just before his death, the man was very desperate, he felt very uneasy and restless. The man said the he felt his tongue was on fire and pulled it out so horribly while making horrific noises that everybody around him was very scared. His tongue hanged to his chest and was bleeding all over as if it would detach from the base. As soon as the man died, the people around him had a lot of trouble to insert his tongue back into his mouth.

For sure, that man had caused a lot of trouble with his tongue because his last moments of life were very desperate. People forget easily that we all have to depart someday and hopefully that day will catch us with our suitcases ready and full of good deeds.

18. La modista derrochadora

Esa modista era cumplida, trabajaba con empeño, pero derrochaba mucho hilo. Cuentan que a la hora de su muerte pedía hilo, hilo, hilo... Dicen que le trajeron todos los carretes que encontraron a mano y ella algo angustiada los movilizaba de una parte para otra sobre su lecho.

Apenas pasaron los días del novenario empezaron a sentir ruidos en el cuarto donde ella cosía. Muy inquietos los familiares, una noche decidieron enfrentar la situación. El sobrino que la quería más, luego de llevarse a la boca una medalla bendita, abrió la puerta y le preguntó: Tía, de parte de Dios ¿Qué necesita? Y ella, le contestó: "Purgo mi culpa, en vida boté muchas hebras de hilo que hubieran prestado algún servicio, ahora vengo a recogerlas. Digan esto para que la gente no malbarate nada, porque la cuenta es muy estricta... Recen por mí." Inmediatamente, se oyó un suspiro triste y la voz se apagó...

Entonces, la familia muy contrita se reunió para pedir por el eterno descanso de esta alma.

The wasteful dressmaker

This dressmaker was a hard-working woman who completed all her work on time but she wasted a lot of thread. People say that at her time of death, she desperately asked for more thread, thread, more thread... People say that they gave her all the spools of thread they could find and she anxiously rolled them on her bed from side to side.

Once the nine-day period after her death had elapsed, people started to hear noises coming from the room where she used to sew. The relatives decided to confront the situation draw the necessary courage to do it. The most beloved nephew of the dressmaker took a blessed medal and put it between his lips. Then, he asked "In the name of God, auntie, what do you need?" and she replied: "I am expiating my wrongdoing. While I was living among you, I wasted a lot of strands that could have been of any service for somebody; now, I have come to recover that thread. Tell this to others so people do not waste anything because the account here is very strict. Please, pray for me". Then, a sad sigh was heard and the voice faded away.

Her relatives sadly gathered to ask for the eternal repose of her soul.

19. Quedaron despiertos, petrificados del susto

Una tarde de diciembre se reunieron varias primas para compartir un rato. La tía, muy querida les preparó una deliciosa merienda.

Comentaban acontecimientos familiares, alguna de ellas había traído para la feliz ocasión, un libro de hechicerías alrededor del cual transcurrió de ahí en adelante dicho encuentro.

Martha examinó el contenido y empezó a leer fragmentos y todas a cual mejor, ridiculizaban lo que les parecía más chistoso, es decir, hicieron las delicias, incluso las personas mayores de esa casa, que en últimas se integraron también al grupo para reírse de cuanta ocurrencia se les venía a la cabeza.

A eso de las seis de la tarde la visita se fue. El resto de actividades hogareñas siguieron su curso normal y se acostaron a la hora de costumbre. Sería la media noche, cuando justo en el lugar donde se burlaron de todas esas fórmulas supersticiosas, se oyó un lamento tan aterrador que todos en esa casa quedaron despiertos, petrificados del susto. Acto seguido otros quejidos llenaron el ámbito de la casa. Nadie sabía la causa de tal anomalía, de esa hora en adelante no pudieron conciliar el sueño. Al día siguiente se reunió la familia y comentaron que se corre un riesgo al jugar con asuntos de hechicería.

They stayed awake, petrified with fear

Some cousins gather together one afternoon of the month of December to share some time while their loving aunt fixed some delicious food for them.

At the beginning of the gathering they talked about family events but at certain point one of the cousins showed them a witchcraft book she had brought to this happy reunion. The meeting focused on this book as from that moment.

Martha checked the book content and began reading fragments and everybody laughed and made fun of the sentences she was reading. They enjoyed this activity very much because they found some pieces of text really funny. Even older people and the seniors in this house joined to group to laugh at the sentences written in the book, completing them with any word that came to their mind.

The gathering finished at 6:oo pm and everybody left. The ordinary routine activities in the household proceeded without any change and the family members went to bed at the usual time. It was about midnight when everybody in the house could hear a terrifying cry coming from exactly the place where everybody had laughed at those superstitious recipes. Everybody woke up and was petrified with fear. Then, other groans and whining filled all spaces in the house. Nobody knew what was happening but nobody could sleep for the rest of the night. On the following morning, the family members talked about the danger of playing with witchcraft items.

20. Gumercinda penaba en la cocina

Hace mucho tiempo, en una vetusta casa de pueblo, donde dadas las circunstancias, alimentos como el azúcar, la sal y el chocolate eran triturados en piedra de moler. Gumercinda, persona encargada de las labores de cocina, debía realizar tales menesteres, muy pesados por cierto.

Parece que ella, tal vez escasa de tiempo y por otra parte algo descuidada al moler los alimentos, botaba parte de ellos.

Gumercinda acompañó a esa familia desde joven, pasó el tiempo y perdió fuerzas, por lo tanto vinieron otras personas para ayudar, mientras ella se dedicaba a quehaceres hogareños más livianos. Después de que ella falleció, los moradores de la casa, la sentían que jadeaba y la veían agachada lamer la piedra de moler, en donde ella botaba la comida. Esto les causó tanto estupor que le mandaron a decir rezos y después de un tiempo, nunca más; volvieron a verla. Con toda seguridad su culpa quedó saldada para siempre.

Gumercinda: a soul in torment in the kitchen

Long time ago, in a very old house of the town, food like sugar, salt, and chocolate were ground using grinding stones. Gumercinda was the maid responsible for cooking and the conduction of all the kitchen chores and she had to do this hard work.

Apparently, Gumercinda did not have enough time or maybe she was careless. The fact is that she wasted part of the food during the grinding process.

Gumercinda had been with this family all her life but as time elapsed, she became weak and lost her strength. Therefore, other people were hired to help with the kitchen chores while Gumercinda was given softer tasks around the house. When she passed away, the residents of the house felt her gasping for air, panting leaning on the grinding stone, licking its surface. This image caused them so much impact on them that they ordered people to pray for her. Then, the residents never saw her again. Certainly, his guilt had been paid forever.

21. Las cosas relacionadas con Dios y sus ministros se deben respetar

En tiempos de la violencia, llegaron unos maleantes a tocar la casa cural. El padre, temeroso, por lo delicado de las circunstancias, no les quiso abrir, actitud ante la cual reaccionaron en forma bárbara y cogieron la puerta a puntapiés.

Al domingo siguiente, el padre desde el púlpito los maldijo por sus fechorías.

Al poco tiempo, las personas que cometieron tal desafuero, enfermaron de los pies. No podían caminar porque de buenas a primeras se dislocaban y esto les producía un dolor muy intenso. El sobandero les hacía masajes y remedios sin cuento, pero nunca más tuvieron mejoría. Quedaron reducidos a permanecer acostados o sentados hasta que Dios los llamó a cuentas. Eso sí les quedó mucho tiempo para repensar que las cosas relacionadas con Dios y sus ministros son delicadas, por consiguiente se deben respetar.

Respect for the things of God and His ministers

During the times of violence in Colombia, some outlaws came to knock on the door of the parish house. The priest, very scared as a consequence of the delicate circumstances the country was experiencing, did not want to open the door. The outlaws reacted with anger to the priest's decision and started to kick the door.

On the following Sunday, the priest mentioned this case in his service sermon and cursed these men for their wrongdoing.

Soon, an illness developed in the feet of the outlaws who had committed this felony. They could not walk because bone dislocation occurred at the minimum movement and they felt intense pain. The local massage man rubbed the area and gave them remedies to no avail. They never showed any improvement.

At the end, they did not have any choice but remain seated until the day when God called them to His presence to examine their deeds.

During their entire life, they had enough time to think over and over again that the things related to God and His ministers are extremely delicate and must be respected.

22. El burro que habló

Bonifacio era un hombre cruel que maltrataba con frecuencia a los animales.

Cierto día, como de costumbre arregló las cargas que debían transportar sus caballos y un burro, por largo y tortuoso camino de herradura.

Los animales tuvieron que soportar una cadena de tormentos ese día: excesivo peso, latigazos, sed y cansancio.

Cuando llegaron a la cabecera del pueblo, pararon un instante para reacomodar algunas cargas y de un momento a otro, el burro levantó la cara hacia su dueño y le dijo, "¿Amo, por qué me maltrata tanto?" Fue tal el susto de Bonifacio que cayó instantáneamente muerto.

Ante este cuadro, los otros arrieros se angustiaron mucho. Entonces, el burro dobló sus cuatro patas y lamía la cara del dueño, entre rebuznos contenidos y lamentos ininteligibles quién sabe qué más le diría...

The donkey talked to Bonifacio

Bonifacio was a cruel man that frequently mistreated his animals.

One day, as he usually did, he fixed the sacs and burdens to be carried by his horses and donkey. The animals had to walk on a long and tortuous bridle path.

The animals had to endure a series of torturing situations that day: excess weight, lashes, thirst, and fatigue.

When they arrived to the town, they stopped for a while to accommodate the burdens and, suddenly, the donkey raised its head and looking at its master, it said "Master, why do you mistreat me so much?" This was so shocking for Bonifacio that he dropped dead immediately.

This was a cause for despair and anxiety for the people in the town and other muleteers who had witnessed the event. Then, the donkey knelt down on its four legs and started to lick the face of its master, while braying and lamenting, like if it was telling him something else that nobody could understand.

23. La llorona

Pacífico era un abuelo negociante de ganado, que solía andar mucho de noche por los caminos, acompañado de su rejo de enlazar.

Él iba en su deambular y al pasar por una quebrada, la llorona, de un salto le cayó sobre su espalda, mientras emitía ayes y lo arañaba. Como a él, sus mayores le habían enseñado que la única forma de vencer a la llorona, es darle rejo y decirle improperios a voz en cuello, así los hizo, desenrolló el rejo y le dio una cueriza, de padre y señor mío, hasta que se la quitó de encima.

Pacífico siguió todo el camino con el rejo a rastras y la llorona detrás daba alaridos, pero sólo llegaba hasta la punta del rejo y de ahí no podía pasar.

Cuando estuvieron frente al portón de la casa, la llorona se devolvió y él contó todo lo que le había acontecido e hizo el firme propósito por lo menos de espaciar sus correrías nocturnas.

The Wailing Woman

Pacífico was an old man devoted to cattle trade activities who used to walk a lot at night with a whip in his hands and some rope to tie the animals.

One night, while he was walking near a creek, the wailing woman jumped on his back and scratched him while she made her typical complaining sounds. He remembered that his forebears had told him that the only way to defeat the wailing woman was to hit her with a whip while cursing and insulting her. He did exactly that. He took his whip and started to hit her badly until the wailing woman got off his back.

Pacífico continued his journey dragging his whip and the wailing woman, shouting and crying behind him, followed his steps although she could barely reach to the tip of the whip. She could not cross beyond this point.

When he finally got to the entrance of his house, the wailing woman went back on her steps and disappeared. He told people in his house about what had happened to him and made this firm determination to reduce the frequency of his night walks.

24. El sacerdote cazador

Érase una vez, un sacerdote al que le agradaba mucho la cacería. Tenía dos perros y un rifle que lo acompañaban en dicha afición.

En este tiempo, se oficiaba la misa en latín y de espaldas al público y en uno de esos momentos en los cuales el padre volvió de cara a los fieles, vio pasar por el atrio frente a él un venado. El oficiante, ni corto ni perezoso suspendió la misa, salió rápido, se quitó los ornamentos y fue a la casa cural a sacar los perros y el rifle para ir en persecución de la presa. A toda carrera seguían el rastro del venado que iba por la orilla de un río. Al llegar a una cueva, entraron el venado, los perros y el sacerdote. Apenas estuvieron adentro, una laja que estaba cerca, resbaló y tapó la cueva.

Los feligreses también salieron en pos de su pastor y llegaron hasta la cueva, pero como estaba oculta por la piedra y ella sumamente pesada, no buscaron más.

Nunca volvieron a aparecer ni el sacerdote ni los perros, allí quedaron sepultados para siempre. Cuentan los habitantes del sector, que cada año, durante las noches, por ese tiempo, se oyen los característicos ruidos de la cacería: una voz de hombre que hucha los perros y ladridos lastimeros que trepidan por entre esas peñas.

The Hunter Priest

Once upon a time there was a priest who liked to go hunting. He had two dogs and rifle that he took with him during the hunting sessions.

At the time, the Mass was celebrated in Latin and the priest stood with his back facing the parishioners. During one Mass, the Priest turned his head a little to observe how the worshippers were praying when he saw a deer walking on the atrium of the church. The priest decided to suspend the Mass and left the church quickly. On his way to the parish house, he took off the priest ornaments. As he entered the house, he rushed to grab his dogs and the rifle for hunting the deer. He chased his prey, following its trail until he saw it walking on the shore of a river. The deer got into a cave and the priest followed it with the rifle and the dogs. When they were in the cave, a big stone slab slipped and blocked the entrance of the cave.

The parishioners also rushed after their pastor and although they saw the entrance of the cave, they did not realize the pastor was inside because the stone slab covered that access perfectly. Anyway, they examined the rock and found it very too heavy to proceed with the search in that direction.

The priest and the dogs never returned to the parish. They were buried forever in that cave. The residents of the area tell during the nights of that month, every year, they can hear characteristic hunting sounds such as the voice of a man ordering his dogs to attack the prey and plaintive barking sounds that propagate across the hills.

25. El burro quería meterse dentro de la hornilla

Hace mucho tiempo, en una noche de molienda, cuyo trapiche consistente en tres masas de piedra movidas por una yunta de bueyes, se había llegado la hora de descanso. Mientras los obreros se recostaban un rato sobre el bagazo, les preparaban la cena. Clodomiro, patrón de la hacienda, empezó a llamar para que fueran a merendar porque estaba servida la mesa.

Clodomiro daba una vuelta para reunirlos a todos. Cuando llegó al pie de las hormillas, vio que venía en esa dirección un burro y los bueyes algo percibieron, porque empezaron a impacientarse, daban bramidos angustiados y fuertes resoplidos. El burro se quiso meter dentro de la hornilla, pero Clodomiro cogió una caña de azúcar que encontró a mano y lo atajó.

Como a cincuenta metros, corría paralelo al camino de herradura un abundante riachuelo y de por medio había un desecho que acortaba notoriamente la distancia.

Clodomiro se fue por el desecho y por supuesto llegó primero, apenas vio el burro, gritó: "Jesús creo" y se santiguó. Inmediatamente, el burro saltó y corría como enloquecido, tanto que se oía cómo partía la caña de un sembradío aledaño, luego de lo cual, se despeñó y fue a caer en un profundo pozo, entre hondos quejidos como provenientes de un alma en pena.

El patrón se devolvió a cerciorarse si el burro de su propiedad estaba en el corte de caña, lugar en el cual lo había dejado para que comiera cogollos. La sorpresa fue mayúscula, porque efectivamente allí estaba. En ese momento, comprendió que lo acontecido era de verdad un espanto.

The donkey wanted to get inside the mill burners

This story happened long time ago. It was the night devoted to grind sugarcane in the mill[2] consisting in three rock large rocks moved by a yoke of oxen. During the break, the workers usually lie down on the pile of sugarcane bagasse and some women fix dinner. Clodomiro, the owner of this hacienda, called his workers to eat because dinner was ready.

Clodomiro walked around the area trying to gather them all. When she approached the mill burners, he saw a donkey coming toward him. The oxen also saw the donkey because they were uneasy and started puffing and making bellowing and roaring sounds. The donkey wanted to get inside the mill burners but Clodomiro grab a piece of sugar cane and blocked the entrance. The donkey then changed its direction.

Approximately 50 meters away, a small creek ran parallel to the bridle path. There was also a shortcut in the middle to get to that place quickly. Clodomiro took the shortcut to get first to the place the donkey was heading to. When he saw the donkey he shouted "Jesus Christ" and crossed himself. Immediately, the donkey jumped crazily and began to run all over the place like being possessed by a strange force. People could hear how the donkey broke sugarcane plants into pieces in a nearby cultivation field during this frenzy of activity. Then, the donkey fell off a cliff into a deep well while making deep moans like a soul in torment.

Clodomiro ran to the paddock where they were cutting the sugarcane to make sure that his donkey was there. He remembered he had left him in that paddock so the donkey could feed on tender grass and to his great surprise, his donkey was there. In that moment, he understood that the donkey he saw running toward the mill burners was, in fact, a ghost.

---

[2] This mil is called 'Trapiche' in Spanish

26. El Macaluco

Dicen que cerca a las montañas, de noche, sale un ser raro con forma de ave, tan grande como un pavo, de color carmelita. Que hay unos de pluma, otros de pelo y los de pelo, comen candela.

En cierta ocasión, ya estaba muy oscuro y un hombre tuvo que salir en busca de medicamentos porque enfermó alguien de la familia. Llevaba recorridos alrededor de dos kilómetros y empezó a sentir pasos, al tiempo que le decían: "Hupa…hupa…" Él volvió a mirar hacia atrás y vio al Macaluco de pelo. El señor se sorprendió y caminó más rápido, porque de todas maneras debía cumplir con el encargo. Cerca había una quema, de esas que en mala hora hacen los agricultores para luego sembrar. En vista de que el señor no sentía nada, volvió a mirar para saber qué había pasado y pudo ver el Macaluco que engullía brasas con mucha avidez y luego corrió y dio alcance en tres brincos al hombre que ya se desmayaba del susto. Cuando llegó a la tienda, apenas hubo tocado a la puerta, cayó privado. Los moradores al sentir esos ruidos salieron inmediatamente y lo auxiliaron.

Ya repuesto, le facilitaron la medicina y un caballo (porque el señor era conocido) y se devolvió por otro camino.

Dicen que el Macaluco vive en las montañas, que no se aleja de ellas y asusta a las personas que osan pasar cerca de donde él permanece.

Macaluco

People say that weird bird-like beings wander through the area nearby the mountains at night. They are brown and their size is as big as a turkey. People say that some of them have feathers while others have hair. The ones with hair eat flames. These creatures are called Macalucos.

It was a dark night and a man had to leave his house to seek some medication because one of the family members was sick. He had walked about two kilometers when he heard some steps and a voice saying "hurry up... hurry up!" He turned his head and saw a hairy macaluco. The man was shocked and stepped up his pace. Anyway, he had to get the medication as soon as possible. On his way, nearby, he saw a large fire in a paddock. It was one of these fires peasants set to burn the paddock weeds and clear the area before planting their seeds.

Since everything got quiet, the man turned his head to see what had happened and saw the macaluco eagerly swallowing embers and flames of fire. When the macaluco finished eating fire, it ran and jumped three times to get near the man again. The man almost fainted out of fear.

The man finally got to the drugstore and fainted when he was knocking on the door. The dwellers felt the noise and immediately came out to help him.

When he recovered, they gave him the medication he was looking for and a horse (because everybody knew him) and the man returned home by another path.

People say that the Macaluco lives in the mountains and does not like to get out of those areas. The Macaluco scares those people who dare to pass nearby the area where it stays.

27. La Mancarita

Cuentan que los patrones constantemente viajaban a una finca llamada El Guayacán (Molagavita, Santander) a efectuar labores de ganadería y agricultura. Una tarde entre claro y oscuro, regresaban varios de los hijos en compañía de los obreros, por el camino que bordeaba una quebrada, entre montañas y rocas y oyeron el grito de la Mancarita, que es parecido a un lamento agresivo.

Dicen los que la han visto, que es una mujer alta que tiene una sola pierna, con la cual da saltos muy largos, tiene una teta tan grande que la echa al hombro y le cae a la espalda y que cuando quiere atrapar a una persona, le echa un chorro de leche y la priva.

Como existen muchachos atrevidos, uno de ellos la remedó, al momento la sintieron cerca: nuevamente la remedó y corrieron todos hasta llegar a una talanquera que el último debía cerrar. Con tan buena suerte que le tocó al gracioso remedón, quien pegó un grito: ¡Me agarró! Tanto él como los demás entraron a la casa en tropel y cayeron desmayados del susto.

Mancarita

The owners of the hacienda named El Guayacan (located in the municipality of Molagavita, in the Colombian Department of Santander) often visited their land in order to do farming activities. One afternoon at dusk time, some of their sons and their workers walked along the path bordering a creek. Suddenly, among some rocks in the mountains they could hear the scream of the Mancarita. It is pretty much like an aggressive moaning. People say that the Mancarita is a tall, one-legged woman that she uses to make very long jumps. They also say that the Mancarita has a big teat. It is so big that she throws this teat over her shoulder and a portion of the teat hangs on her back. They say that when the Mancarita wants to trap a person, she throws a jet of milk and the person faints at the mere contact with the fluid.

It is a fact that some youngsters are daredevils. One of them in particular decided to imitate the sound of the Mancarita. When they felt she was very close to them, the young boy mimicked her sound again and everybody ran until they got to a farm gate that the last one to enter had to close. By chance, the guy who was imitating the sound produced by the Mancarita was the last one arriving and he shouted "She got me". He and the rest of the youngsters entered the house in despair and fainted.

28. Tal vez un peligro se cernía sobre ellos

Los jóvenes pasaban el fin de semana en una finca vacacional. Cerca, en otra parcela, se hallaban unos amigos a quienes decidieron visitar, por lo cual encendieron el carro y se dirigieron hacia el lugar. Una vez en la visita, departieron muy sabroso conversaron tan contentos que el tiempo corrió y cuando se dieron cuenta, era bien pasada la media noche. Ahí en esa casa les pidieron que se quedaran, pero no convinieron y decidieron irse. Yendo de regreso, por una carretera más o menos buena pero destapada encontraron cualquier cantidad de obstáculos: hoyos que casi no podían pasar, escombros a la orilla que hacían tambalear el carro, pasto tan alto que les impedía la visibilidad, piedras atravesadas que no dejaban pasar, hasta se apagó el carro, en fin, casi no podían adelantar mayor cosa...

Luego de tanta brega pudieron llegar sanos a su destino. Al otro día, cuando volvían a la ciudad, ex profeso buscaron los baches y demás dificultades de la noche anterior y no encontraron absolutamente nada. Tal vez algún peligro se cernía sobre ellos y un ángel bueno o los rezos de las mamás los protegieron.

Perhaps, some danger was haunting them

Some youngsters were spending their weekend in a vacation farm and some of their friends were in another farm nearby. The youngsters decided to start their cars and go and visit their friends. Once they got there, both groups had a great time, they talked about many topics, and they had so much fun that they did not realize that it was almost midnight. The residents of the house asked them to stay overnight but the youngsters declined the invitation and decided to return to their farm. The road they took was in good condition although it was a dirt road. They found a lot of obstacles along their way: holes that they could hardly cross, debris on the side of the road that staggered the car, high grass that prevented them from continuing their drive, even the car engine was turned off. In short, they could not advance at the pace they wanted.

They finally arrived safe to their destination after overcoming all the obstacles. During the day, they decided to check this road and returned to the place. To their surprise they could not find anything. They looked for the holes and the other obstacles on the road and nothing was there. Maybe some danger was haunting them and the prayers from their mothers or a good angel protected them from evil.

29. Por borracho le pelotearon las ánimas

Esteban era un hombre mayor, viviente de una hacienda, que tenía la mala costumbre de embriagarse en el pueblo todos los domingos, luego de hacer el mercado.

Ese día no fue la excepción, compró los víveres que le encargaron, le amarró este atado al caballo y empezó el camino de regreso al campo por entre las tiendas del pueblo y dejó en trago los últimos centavos que le quedaban.

Esa noche no llegó a casa. Por la mañana, preocupados, unos obreros de la hacienda acompañados por dos de sus hijos, se fueron a buscarlo. Lo encontraron gracias al caballo que pastaba cerca de donde se hallaba él, bocarriba en un zarzal, privado y muy maltratado, lleno de arañazos y con rosarios pintados en la espalda. Cuando volvió en sí, les contó que las ánimas lo habían peloteado, lo cogieron como a un balón que se pasaban unas a otras, luego lo azotaron y no supo más.

Esteban cogió vergüenza, nunca más volvió a emborracharse y menos a ir solo por los caminos a medianoche.

The souls kicked him like a ball

Esteban was an old man who lived and worked in a farm. He had this awful habit of getting drunk every Sunday after buying the groceries in the market.

That Sunday, as usual, he went to the market and bought all the groceries he and his family needed. He tied the sac of groceries to the back of his horse and decided to head to the local bars to spend the rest of the money in alcohol.

That night, Esteban did not make it home. His relatives were very concerned in the morning   and two farm workers with their two sons decided to look for him. They finally found him because they saw his horse grazing in the area where he was unconscious, face up, in the middle of some bushes, full of bruises and scratches. They turn him upside down and saw the mark of a rosary imprinted on his back and more bruises and scratches. When Esteban regained consciousness, he told his rescuers that some souls had treated him like a ball, that is, they had grabbed Esteban and threw him one to each other several times; at the end, they whipped him so badly that he fainted.

Esteban learned his lesson and he never got drank again and never rode his horse alone at midnight hours.

30. Buen amigo estuvo de visita

Una pareja vivía sin haber recibido el sacramento del matrimonio. Cierta noche se acostaron bien tarde, muy cansados de tanto trabajar. Estaban ya profundamente dormidos, cuando oyeron en el patio unas pisadas muy fuertes que los despertaron. Ella estaba acostada de lado con el rostro hacia afuera y apenas abrió los ojos, pudo ver cerca de la cama, mirándolos, a un hombre muy grande, vestido de negro, con botas altas, capa, fumando tabaco y con las manos en los bolsillos. Apenas ella empezó a rezar para pedir protección a Dios, el diablo empezó a rastrillar los zapatos, sacaba chispas del suelo y daba visibles muestras de fastidio. Buen amigo salió del cuarto y dejó tras de sí una estela de humo con olor a azufre...

Ambos estaban como empalados, no acataban siquiera a comentar nada del susto tan espantoso que debieran soportar.

Good Friend came to visit

A couple lived together in a common-law marriage without having received the Sacrament of marriage. One night, they went to bed late because they were busy working. They were sound asleep when they heard some loud step noises coming from the patio. The woman lied down with his face looking outside and as soon as she opened the door, she saw a very tall man, dressed in black, wearing boots and a cape, smoking a cigar and with his hands on his pockets. That man was looking at them. She started to pray and ask for God's protection and the man, who was in fact the devil himself, started to rake his shoes against the floor, producing sparks and manifesting clear signs of disgust. Then, Good Friend exited the room and leaving behind a typical sulfur odor.

The couple was so scared that they could not move anything. They could not even talk about what had just happened. They were petrified with panic.

31. Las brujas a veces se llevan a los niños

Dicen los abuelos antiguos, que las brujas frecuentan el techo de las casas en las cuales hay niños pequeños sin bautizar.

Cierta noche estaban en el cuarto, la mamá, una niña recién nacida y la comadrona, cuando sintieron que sobre la casa había caído un ave muy pesada.

Enseguida salió la comadrona para averiguar qué acontecía. Apenas abrió la puerta vio que un ovillo, muy grande, como de lana blanca rodaba, al tiempo que se oía el vuelo de un gallinazo. La señora entró y se pusieron a rezar. De ahí en adelante, no dejaron a la nena sola y pronto le mandaron administrar el sacramento del bautismo, para evitar cualquier peligro.

Sometimes, witches take children with them

Our forebears say that witches usually stand on the roof of the houses whose families have small children who have not been baptized.

One night, a mother, her newborn girls and the midwife were in the bedroom when they felt that a very heavy bird had landed on the roof of the house.

The midwife went outside to find out what it could be. As soon as she opened the door, she saw a very big ball of white wool rolled over the floor. At the same time, she could hear the sound of a vulture flying. The midwife entered the house and both started to pray. They decided not to leave the baby girl alone and soon they baptized her in order to avoid any problem.

32. Todo se paga en esta vida

El papá le había regalado a su hija una ovejita para que la sacara adelante. La niña le puso todo el cariño y soñaba con verla prosperar, para venderla luego muy bien y con ese dinero comprar útiles escolares.

En la medida en que la ovejita crecía al abrigo de los cuidados de la niña, empezaba a cuajar la ilusión acariciada durante meses. Para mayor seguridad la ovejita permanecía en un potrero encerrado entre cimientos. Pero, como todo no es color de rosa, un día los amigos de la ajeno se llevaron dos ovejas y justo cayó la de ella.

La niña se entristeció al máximo, porque el objeto de sus anhelos había fracasado de buenas a primeras.

Mamá e hija, decidieron hacer algo que solían practicar los abuelos cuando se extraviaban los semovientes, con la fe de recuperarlos. Tomaron rescoldo caliente del fogón y fueron al lugar donde habían sacado las ovejas, regaron, rezaron avemarías y lloraron mucho, con la esperanza de no perderlas. Durante nueve días realizaron dicho rito. Pasó tanto tiempo que olvidaron a sus ovejitas. La niña creció y se graduó. Un buen día supieron que el ladrón había fallecido de una rara enfermedad que le afectó los pies y las piernas, algo parecido a una erisipela que le cuarteó la piel, le produjo mucho dolor y por último la muerte.

Todo se paga en esta vida, es mejor obrar con bondad y rectitud.

You are paid for what you do in life

The father gave his daughter a little lamb as a present. She decided to raise this lamb the best she could and dreamed about seeing this little animal transformed in an adult sheep so she could sell it and get enough money to pay for the essential school supplies.

As the lamb grew as a result of the special care provided by the girl, she started to see that the project she had planned for this sheep was going in the right direction. The girl decided to keep her sheep in a paddock that was surrounded by a strong fence. However, things do not turn out the way we plan. One day, thieves broke into the paddock and stole two sheep, being the little girl's one of them.

The girl was extremely sad because all her dreams of buying the school supplied had vanished in the wink of an eye.

Mother and daughter decided to do something that the forebears did when this situation happened and they wanted to recover their livestock. They took hot embers from the wood-burning stove and place them in the place where the two sheep had been stolen. They scattered the embers in that precise area and prayed the Hail Mary. They also cried a lot because they did not want to lose those animals. They did the same rite for nine consecutive days. The days and months went by and they forgot the episode of the stolen sheen. The little girl grew up and graduated from high school. One day, they heard the thief had died with a rare disease that affected his feet and legs. It was something like erysipelas that gave him cracks on his skin. This painful condition ended with his life.

You pay for any wrongdoing in your lifetime.

33. Cacería de brujas

Cuentan los abuelos de antes, que con mucha frecuencia las brujas visitaban de noche las casas para hacer males y perseguir a hombres, mujeres y niños.

Durante varias noches se oyó caer un ave sobre el tejado de la casa, al tiempo que se sentía como si trepidaran cañitas al manosearlas.

Alguna persona que sabía, aconsejó que para la noche siguiente dejaran en el corredor un plato con sal y encima unas tijeras abiertas en cruz. Cuando llegó de nuevo la bruja convertida en gallinazo, quedó desmayada.

Al otro día, los dueños de la casa, le dieron una tunda con correa, quitaron la sal y cerraron las tijeras e inmediatamente el animal algo engerido levantó el vuelo. Con esto se ahuyentaban las brujas y dejaban de molestar durante algún tiempo.

Witch hunt

Our grandparents said that witches, often at night, visit the houses where human live in order to do evil and chase men, women, and children.

For several nights the family heard the sound of a large bird landing on the roof of the house. At the same time they could perceive the sound of the canes cracking as if somebody was touching them.

A wise person advised the family to leave in the house corridor a dish with salt and a pair of open scissors on top of the dish in the shape of a cross. When the witch passed by this area, she fainted and transformed into a vulture.

On the following day, the family hit the witch with a belt. Then, they threw away the salt and closed the scissors and, immediately, the animal barely recovered and flew away.

This was the recipe to keep the witches away from the house.

34. La casa verde

Existía en cierto lugar muy deprimido de la ciudad, una casa de perdición donde al abrigo de la beodez, la droga, al compás de la música excitante hombres y mujeres se dedicaban a cometer toda clase de actos lujuriosos inconfesables.

Estaban una noche en plena barahúnda, cuando la casa con todo y moradores empezó a temblar, y emanaba olores hediondos y amenazaba con caerse. Todos muy asustados corrían a buscar refugio donde podían. En éstas se hallaban, cuando de un fuerte sacudón la casa fue arrancada del piso y empezó a volar.

Cuentan los que la han visto, que se pueden apreciar a través de puertas y ventanas personas muy desesperadas que padecen sinnúmero de tormentos como azotes, el fuego, la sed y el hambre. Dicen que deambulan hasta el día del juicio final.

The Green House

There was a house located in one of the poorest areas of a city. That house was devoted to vicious activities where drunkenness, drugs, and exciting music simulated the senses of men and women who engaged in all types of lustful secret acts.

One night, the place was in the middle of this uproar when a tremor shook the house with together with all the attendants who also could perceive a nauseating smell. The tremor was so hard that it seemed that the house would fall down at any moment. Frightened people run all over the place seeking refuge in any available space. Suddenly, the house was pulled out of the ground and started to move freely in the air.

People who have seen this house flying around say very desperate people suffering countless torments such as lashes, fire, thirst, and huger can be seen through the windows and doors of the house. They say that the people in that house will be wandering in despair until the Day of Judgment.

35. El carro perdido

Cuentan los camioneros que transitan de noche por las carreteras de Colombia, que algunas veces ven venir un carro, con el cual no se encuentran, cuando menos acuerdan ya ha pasado y va adelante. Ven llegar este carro a los restaurantes del camino, se bajan los pasajeros y entran como si fueran a ingerir alimentos, sin embargo, cuando los meseros están dispuestos a atenderlos, se encuentran con la sorpresa de que han desaparecido. Luego los ven de nuevo subirse al carro y continuar la marcha.

Se presume que se trata de almas en pena que purgan alguna culpa.

The lost car

Truck drivers traveling around Colombia say that sometimes they see a car coming toward them and the strange thing is that they never actually meet the car because when they realize it, the car has already pass overtaken them.

They see this car by the road restaurants. They see how the passengers get off this car and enter the restaurant as if they want some food. However, when the waiter goes to the table, he finds that these people have disappeared. Then, they see these people getting in the car and continue their journey.

People assume that they are condemned souls that are serving a sentence.

36. Brujería peligrosa

Érase una vez un hombre borracho y mujeriego que practicaba la magia con alguna frecuencia.

Mediante conjuros y hechicerías lograba convertirse en chivo.

En cierta oportunidad estaba dedicado a tales brujerías y convertido en chivo, disfrutaba del terror que infundía con semejante presencia.

Cuando quiso de nuevo tomar la forma humana, no pudo, bregaba y bregaba y allá en su interior rezaba muy angustiado, hasta el punto de que ofreció una promesa a la Virgen del Chiquinquirá, que consistía en ir a visitarla todos los años y difundir su devoción. Apenas hizo este pedimento, él recobró la forma humana, y no le quedó más remedio que cumplir sagradamente con lo prometido a la Virgen.

Dangerous Witchcraft

Once upon a time there was a man who was a drunk and a womanizer. He also liked magic and frequently engaged in magic sessions. Using spells and magic words he could change his human shape and transform into a goat.

In certain occasion, he was busy practicing his witchcraft and enjoying his goat – like figure because this scared people.

When he wanted to return to his human form, he could not do it. He tried very hard to regain his human body but he the harder he tried the longer he remained as a goat. Then, deep inside of him he started praying to the point that he offered a promise to the Virgin of Chiquinquira. The promise consisted in visiting the sanctuary of the Virgin at least once a year and spread the devotion to this sacred image. As soon as he made this promise, he regained his human form. He did not have any choice but literally fulfilling his promise he made to the Virgin

37. Lo salvó un aviso celestial

Érase un hombre probo, a quien la vida le devolvía algo de su bondad con las cosechas que recogía de su labranza, pero, como la envidia es un mal que daña los corazones, no pasó mucho tiempo sin que empezaran los contratiempos, causados por el dolor del progreso ajeno.

Cierto día, él salió con su perro muy temprano, había recorrido un buen tramo y se le presentó la opción de ir por un atajo que le acortaba bastante distancia, pero, sucedió algo muy raro, pasos adelante había cantidades de moscos y salía un olor nauseabundo, además el perro escarbaba y no quería seguir. Entonces, él pensó que era un aviso, se devolvió por el otro camino y tuvo que dar una vuelta larga. Fue la salvación, porque a la salida del desecho lo esperaban unos maleantes para atentar contra su vida. Le sirvió hacer caso a una corazonada, tal vez algún ángel le protegió.

A sign from heaven saved his life

There was a man who was very honest and upright. Life returned all his good deeds and kind behavior by increasing his harvests in the field. However, jealousy and envy spoil the hearts of human beings. Soon, problems resulting from the pain of seeing the progress of other people permeated his life.

One day, he started walking with his dog very early in the morning. He had walked certain distance when he saw this option of taking a shortcut in order to save time. Then, something really strange happened. Some steps ahead he found a lot of flies and there was this horrible smell. His dog started to dig the ground and did not want to walk. Then, he thought that this was a sign and returned to take the long way. This decision saved his life because some outlaws were in the shortcut waiting for him with very bad intention in their mind.

He was so grateful to have paid attention to this hunch and thought that maybe an angel had protected him from evil.

38. El duende se la quería llevar

La maestra de una escuela rural y su hermana, contrataron a una empleada del servicio doméstico, para que las acompañara. Como a los tres días de haber llegado la muchacha, empezaron a botar tierra y piedras a la comida de ella, por la noche tocaban las puertas y ventanas para no dejar dormir.

Al otro día, contaron lo sucedido a los vecinos, quienes vinieron con tiples y guitarras a tocar y cantar para ahuyentar al duende. Pero apenas se fueron los músicos, siguió el problema. Incluso le botaba papeles con mensajes como: "si no regresa me la llevo", "te amo"...

Ante tantas molestias, decidieron ir a otra finca cercana, y el espíritu en mención allí también causó molestias e hizo daños sin cuento. Ya cansados, le rogaron a la muchacha que se fuera, y una vez ésta abandonó la casa, cesaron las dificultades.

An elf wanted to take her

A rural school teacher and her sister hired a maid to help them with the household chores. However, strange things began to happen on her third day of work. For instance, somebody started to throw dirt and stones to the maid's food. Also, somebody knock on the doors and windows of the house at night and the three women could not sleep.

The women refer these events to the neighbors and they came to the house with typical guitars and other instruments. They played songs and music because they believed the problems were caused by an elf and these songs would scare him away.

When the neighbors left and no more music was played, the problems returned. The elf even wrote some messages on pieces of paper and threw them to the maid. The messages said "I'll take you with me if you do not return home", "I love you".

This nuisance was too much for the two women. They decided to move out and live in a nearby farm but the spirit chase them there and caused a lot of trouble there. The two sisters were so exhausted that they decided to fire the maid. As soon as she left the house, the trouble finished.

39. Unas pisadas que ya lo alcanzaban

Eran pasadas las once de la noche y Gonzalo, un joven de escasos quince años no llegaba a la casa, por consiguiente, la mamá un tanto preocupada decidió rezar por esa intención.

Ella al rato sintió que abría la puerta, pero sus pasos le parecieron demasiado lentos y como si arrastrara los pies. Sucedió que lo espantaron en la esquina anterior. Dice que inicialmente sintió detrás un quejido lastimero y luego unas pisadas rápidas que ya lo alcanzaban, el volvió a mirar pero no era nadie y así sucedió varias veces hasta que llegó a casa. Una vez adentro, se desplomó y no podía hablar. Al rato, cuando se hubo recuperado un poco, les contó el tremendo susto de que había sido objeto por estar en la calle a avanzadas horas de la noche.

The footsteps almost got him

Gonzalo's mother was very worried. His son who was barely fifteen years old had not returned home that night and it was some minutes past eleven at night. She started to pray for the protection of his son.

Then, she felt that his son had arrived. She heard him opening the door although she thought that his footsteps were rather slow, like if he was dragging his feet on the ground. The boy told her that he had seen a ghost on the corner of his house. He said that initially, he heard like a horrible sound of someone moaning. Then, he heard some quick steps approaching. He tried to look carefully to the street but could not see anyone. The same things happened several times until he got home. Once inside, the boy fainted and could not utter a word. Then, when he recovered from this panic attack, he told his family about the horrific episode he had experienced for having stayed late outside his house.

40. Los Doce Apóstoles cuidan personas y bienes

Cándida se llamaba una ferviente devota de los Doce Apóstoles, a quienes les encomendaba todos sus bienes.

Algunas veces, ella debía ausentarse de la casa, para realizar algunos quehaceres; pero siempre antes de salir hacía el respectivo pedimento y solicitaba protección.

Cierto día, toda la familia salió a cumplir con una cita y la casa quedó sola. Los amigos de la ajeno merodearon por ahí, a la espera del mejor momento, pero se llevaron una desagradable sorpresa, porque vieron a doce hombres que entraban y salían de la casa.

Los vecinos le contaron a la señora cuando llegó y ella afirmó, que los Doce Apóstoles cuidaban sus pertenencias.

The twelve apostles look after people and assets

Candida was a woman who was very devoted to the twelve apostles to whom she entrusted all her assets.

Sometimes, she had to leave her house to do some errands and always, before leaving the house, she asked for the protection of the twelve apostles.

One day, the whole family had to leave the house empty in order to attend some appointment. Burglars thought to take advantage of this situation and decided to break into the house. However, they were shocked when they saw twelve men entering and leaving the house.

The neighbors inform the residents of this house about this strange event and the owner of the house said that the twelve apostles looked after her belongings.

41. Murió en medio de la desesperación

Cierto hombre joven decidió cambiar de credo y apostatar de su fe. Cuando se hallaba en una posición destacada, con mucho dinero y poder, enfermó gravemente. No hubo médico ni droga capaz de curarle. La familia muy triste y angustiada, a diario, le suplicaba que se reconciliara con Dios, pero él nunca convino.

Él estuvo muy mal durante varios meses, al cabo de los cuales, cuando se aproximaba la hora de la muerte, padeció incontables tormentos y desesperación. ¿Quién sabe qué vería? Porque dicen que gritaba: ¡Mírelo!, ¡Me quiere llevar!, ¡Que miedo!, ¡Yo no me voy con él, que se vaya! Y mientras esto sucedía, se veía la sábana que lo cubría, como si alguien la halara.

Unos acompañantes rezaban, otros lloraban... En esto se hallaban cuando falleció. Dejó una estela de interrogantes: ¿Sería que el diablo se lo llevó? ¿Por qué esa muerte tan rara?

He died in desperation

One young man decided to change his religion and apostatize. Then, he got seriously sick precisely when he was enjoying a privileged position, with a lot of money and power. There was not any medication of medical doctor to treat his illness. His family was very sad and anxious. They begged him to reconcile with God on a daily basis but he did not want to hear them.

He was seriously ill for several months and during his death moments, he suffered countless torments and a lot of desperation. Nobody knew what he saw. They only heard him saying "Look at him! He wants me to go with him! I am so scared! I do not want to go with him! I want him to get out of here". As he said that, the blanket covering his body was pulled down by an unknown force.

Some people started crying, others began to pray. Then, the man passed away leaving everybody full of unanswered questions: could this force be the devil that took him? Why did he die in such strange circumstances?

42. A veces la desocupación es el taller del diablo

Cierto día mientras la mamá iba al mercado, dejó los pequeños al cuidado de la hija mayor. Como estaban solos decidieron dedicarse a jugar sobre la cama de la mamá, gritaban, botaban las almohadas e invocaban al diablo. De un momento a otro Gabriel, como impelido por un resorte saltó de la cama y a grito entero decía: ¡Me quemaron!, ¡Me quemaron!. Se suspendió el juego y entre todos trataron de averiguar la causa.

Le miraron donde decía que le dolía y sus hermanos pudieron ver que tenía marcada en la espalda una mano muy grande.

Cuando llegó la señora, sus hijos le contaron lo acontecido, ella le hizo remedios al niño y les recordó, que habían infringido la recomendación de no dañar las camas y que al diablo no hay que llamarlo para nada.

Sometimes, Idleness is the devil's workshop

One day, a woman left her children at home and told her eldest daughter to look after them while she went to the supermarket. Taking advantage of their mother absence, the children decided to play on her bed. They shouted, threw pillows to each other and invoked the devil's presence. Suddenly, Gabriel felt like being expelled by the force of a spring. He jumped out the bed and starting saying loudly "I got burnt" I got burnt" The game stopped and all the siblings decided to find out the cause of such event-

They examined Gabriel's body, particularly the part he was complaining about, and they could see the mark of a big open hand imprinted on his back.

When the mother arrived home, the children told her this event in detail. She applied some ointments to the child and reminded them not to break the rules of the house related to the care that each member had to give to the furniture. She also reminded them not to invoke the devil's presence for any reason whatsoever.

43. Hay influencias maléficas que propician la discordia

En cierto hogar, desde hacía algún tiempo, el ambiente familiar era sólo tristeza y discordia. El papá hizo la promesa de rezar una novena y empezó a cumplirla. El último día, tuvo tiempo para esta devoción a eso de las tres de la tarde y en el momento en el cual terminó, se sintió en el pasillo de la casa un ruido raro acompañado de un viento, que salió bufando por la puerta principal. Tal vez algún espíritu atormentado se albergaba allí. El poder de la oración es infinito contra cualquier influencia maléfica.

Malicious forces encourage contention

Since some time ago, there was only sadness and contention in this home. The father made a promise consisting in praying during nine consecutive days and he started to fulfill it. The last day, he spared some time for this devotion at 3:00 in the afternoon. When he finished praying, he could hear a weird noise coming from the corridor and some wind blowing out of the house through the main door.

He thought that maybe a tormented spirit was dwelling in the house. The power of praying against any malicious force is infinite.

44. La pereza es mala consejera

La mamá se había cansado de llamar a Edgar para que la acompañara a rezar el rosario. En vista de que no venía, empezó la oración con los hijos que tuvieron voluntad de acudir. Iban como en el tercer misterio, cuando llegó Edgar desorbitado, al tiempo que decía con voz entrecortada: ¡Me asustaron!, ¡Me asustaron!

El rezo se interrumpió, atendieron al niño, mientras les contaba que estaba medio dormido, cuando de repente vio una sombra grande que le hacía señas y lo llamaba...

De ahí en adelante Edgar cambió, y cuando era el momento de alabar a Dios en familia, acudía muy solícito.

Laziness is a bad advisor

A mother god tired to call his son Edgar to pray the rosary with her. Seeing that his son would not come, she started praying the rosary with her other children who had shown good will to accompany her. They were praying the third mystery when Edgar arrived to the room with his eyeball almost out of the orbits. He just stammered several times "I am scared! I am scared!"

His siblings and mother interrupted the prayer to listen to him. He told them that he was half asleep when he saw a huge shadow calling his name and inviting him to follow it.

From this date onwards, Edgar changed his attitude. When it was the time to praise to God as a family, he obeyed the call of his mother.

45. Pacto con el diablo

En cierto hogar muy adinerado, Pablo, el papá deseoso de atesorar más bienes, invocó al diablo para hacer un trato mediante el cual le facilitara dinero en grandes cantidades. Buen amigo acudió a la cita, una noche oscura en la soledad y el silencio, entre los arboles del solar de la casa familiar. En ese momento, el hombre en mención empeñó su palabra de alejarse de Dios y prometió que cuando falleciera le daría su alma.

Pablo empezó a prosperar en forma desmedida, obtuvo mucho dinero, casas, ganado y riquezas incontables.

Cierto día, la familia decidió organizar paseo a una de las haciendas. Efectivamente, así lo hicieron. Estaban en lo más agradable de la actividad, unos cocinaban, otros jugaban y los demás tomaban el baño en el río. De buenas a primeras, hizo un ventarrón raro que amenazaba con arrancar los árboles, acompañado de un ruido hondo parecido a un lamento, fenómeno que duró unos siete minutos, tiempo en el cual todos se alcanzaron a asustar, pero, luego lo tomaron como un cambio atmosférico. Volvieron a sus quehaceres y al rato se dieron cuenta de que faltaba la más pequeña de las niñas. Ahí acabó la alegría, porque dejaron comida y demás atracciones, para tratar de dar con el paradero de la niña.

La búsqueda fue infructuosa, tal vez el diablo optó por cobrarse la deuda antes de tiempo. El hombre, luego de semejante percance se convirtió, hizo muchas obras de caridad y cuando llegó la hora de la muerte estuvo en paz y asistido por Dios.

A Pact with the Devil

Pablo, the head of a very wealthy home, wanted to hoard more treasures and he invoked the devil to make a deal with him in order to have a lot of money. Good Friend answered his call and appeared in front of him in a dark night while Pablo was alone. The whole atmosphere was quiet. Pablo promised to get away from God and give his soul to the devil when he died.

Pablo began to thrive in an unthinkable manner. He got a lot of money, properties, cattle, and countless wealth.

One day, the family decided to organize a trip to visit one of the haciendas and so they went there to spend some time. They enjoyed this visit very much. Some of them cooked while others played and the rest swam in the river. Suddenly, there was a strong wind that seemed to uproot all trees accompanied by a deep sound similar to a sorrowful cry. These phenomena lasted for seven minutes approximately. Everybody got scared at the beginning but then they took the whole situation as the consequence of weather changes.
They returned to their activities and soon they realized that the smallest girl of the family was missing. The joy ended abruptly because they quitted cooking and playing to look for the missing girl.

Despite the exhaustive search, the little girl was nowhere to be found. Maybe the devil decided to collect his debt before time. This event made Pablo repent of his deal with the devil and converted into his former religion. He devoted himself to charity and good deeds and when his time came, he was at peace with God and God reward him by helping him in the time of his death.

46. Un hombre de ultratumba le hacía señas con la mano

Cierto día Myriam, la empleada del servicio domestico, lavaba la ropa de la familia tranquilamente, cuando creyó haber visto algo. Levantó la mirada y se encontró con la presencia de un hombre viejo, raro, muy pálido que sacaba la cabeza del sótano y con su mano huesuda y temblorosa, la convidaba hacia donde él estaba.

Myriam no era miedosa, sin embargo, no daba crédito a eso que veían sus ojos. Además el hombre no dejaba de llamarla.

Ella del susto se sintió como estampillada en el suelo, con la cabeza grande, sin poder articular palabra y menos correr.

Cuando pudo reaccionar empezó a dar gritos terroríficos, ante los cuales acudieron a prestarle auxilio. Nadie fuera de ella vio ni sintió nada.

Como esto le sucedió en varias oportunidades, ella se fue en busca de otro trabajo porque los nervios se le estaban afectando.

A man from beyond the grave beckoned her with his hand

Miriam, the maid of family, was washing clothes calmly when she thought to have seen something unusual. As she raised her eyes, she saw an old man in front of her. He was really weird; his face was very pale. He was peeking at her from the basement and each time he showed his head, he beckoned Miriam with his bony and trembling hand. He wanted Miriam to go to the place he was.

Miriam was not easy to get scared but this time she could not believe her eyes. The man continued calling her.

She felt so scared that she could not lift her feet off the ground to run. She felt her head swollen and could not say a word or escape from there.

When she managed to overcome this fear, she started to scream horribly and some people came to help her. People could not see or feel anything she was talking about.

These events happened several times and she decided to look for another job because her nerves were killing her.

47. Como es la vida es la muerte

Roberto era un hombre muy avariento, cuyo único placer era atesorar, aunque todo lo demás anduviera a medias. Por consiguiente, la mezquindad era el sello sobresaliente en todas sus actividades.

Poseía muchas tierras, sin embargo, sus obreros estaban mal alimentados y la paga resultaba exigua, de acuerdo con el trabajo que realizaban. De esta manera, pudo amasar una gran fortuna, que a la hora de la verdad de poco o nada le sirvió, pues enfermó de la garganta y ni siquiera podía comer. Su disminuida salud junto con los achaques de la vejez, empeoraron hasta que fue llamado a rendir la cuenta definitiva. Ese día estuvo muy desesperado, con los ojos casi por fuera de las órbitas y para mayor tormento, no podía pasar gota de alimento.

Como lo vieron tan desencajado y pálido, le sugirieron en repetidas oportunidades, traerle al sacerdote, pero él no convino.

Llegaron los vecinos y familiares para ayudarlo a bien morir, aprontaron oraciones, cirios y agua bendita. Cuando llegó la hora decisiva, él se angustió mucho, sudaba a torrentes, se le alargaron los dientes, en fin... Algo quiso decir, pero ya no pudo y dobló su cabeza con un gesto miedoso en medio de un hondo estertor. En ese mismo instante, la casa, el cuarto del enfermo y sus alrededores, se llenaron de pájaros negros que sobrevolaban, brincaban sobre el cuerpo exánime de Roberto, al tiempo que expelían un nauseabundo olor, ante la mirada atónita de los deudos que luego de la sorpresa, acataron a rociar agua bendita para alejar los malos espíritus.

"Como es la vida es la muerte."

You die the same way you live

Roberto was a very greedy man whose only pleasure in life was to hoarding wealth, even if everything else around him were barely working. Therefore, his meanness was the characteristic of all his activities.

Roberto owned a lot of land and despite of that, his workers were poorly fed and badly paid compared to the amount of work they did. These strategies made him very rich but the fortune he amassed was useless. A throat disease made it difficult for him to eat and the ailments from old age ended up deteriorating his body. It came the time when he had to render his accounts to God. The day of his death, Roberto was quite desperate. His eyeballs were almost out of his orbits and her torment increased when he could not swallow any food.

People saw him in such a poor condition and so pale that they suggested calling a priest but Roberto did not accept this offer.

His neighbors and relatives arrived to the house to help him die without so much suffering. They got all the items they needed ready for his last hour: things like prayers, candles and holy water. When the time came for him to depart from this world, his anxiety went beyond control. He sweated a lot and her teeth elongated. The end was close. He wanted to say something but he could not utter a word. He just bent his head with fear and death throes shook his body. Suddenly, flocks of black birds filled the house, the room and its surrounding. These birds jumped over the corpse of Roberto and expelled a nauseating odor. Roberto's relatives were shocked at the whole scene. They quickly started to spill holy water all over the place to get those bad spirits away.

As we have said, "you die the same way you live".

48. Quizá la amiga le quería avisar su próxima partida

Zoraida estaba desahuciada por los médicos, pero ella muy creyente esperaba resignada la hora de la muerte. Como era una persona conocida, no le faltaron atenciones y visitas.

Cierto día fue a verla Leonor, una amiga muy querida, con la cual conversaron de todo un poco. Leonor contó que había tenido un sueño con Zoraida y en el cual las dos felices jugaban, como entre nubes y que Zoraida la llamaba muy insistente.

Al poco tiempo, como se esperaba, falleció Zoraida. Tuvo una muerte tranquila, acompañada y feliz. Había trascurrido un lapso de tres meses y Leonor falleció intempestivamente. Quizá Zoraida le quería avisar su próxima partida.

Maybe her friend wanted to her to know that she was about to leave

The doctors had determined that Zoraida was terminally ill and since she was a woman of faith, she decided to wait patiently for her departure from this world. Zoraida was a well-known woman in her community and she received a lot of visits and care from her friends.

One day, her dear friend Leonor went to see her. Both women talked about many things. During the conversation, Leonor told Zoraida about a dream she had had some nights before. In Leonor's dream, both friends played happily among the clouds and Zoraida called Leonor's name insistently.

Shortly afterward, as her doctors had predicted, Zoraida died. Her death was very peaceful. She was accompanied by her friends and died happily. Three months after Zoraida's death, Leonor died all of a sudden, unexpectedly. Maybe in that dream, Zoraida wanted to tell Leonor about her departure few months later.

49. En su última hora se quiso despedir

Luis era uno de esos empleados muy eficientes, responsables y humildes, que trabajaba fuera de la ciudad donde permanecía su familia. Esa semana, como de costumbre, viajó a cumplir con sus obligaciones.

Cuando venía de regreso a su hogar, el vehículo en el cual viajaba sufrió un aparatoso accidente y Luis falleció instantáneamente. Cuando se enteraron de la noticia, quedaron estupefactos y luego sobrecogidos por el dolor. La familia regresó a casa y la sorpresa fue tremenda cuando encontraron en la alcoba matrimonial, el armario de Luis revuelto y algunas prendas de su ropa, esparcidas por el suelo. Tal vez amaba mucho a la familia y en su última hora quiso dejar una señal para decirles que había venido a despedirse para siempre.

He wanted to say good-bye during his last hour

Luis was one of those very efficient and kind employees who worked outside the city limits where his family lived. That week, Luis traveled out of the city to fulfill his work duties.

When he was driving back home, he had a terrible accident and died almost instantly. When his relative heard the news, they were speechless and overwhelmed with pain. The family returned home and was surprised to see the condition of Luis's closet in the master bedroom of the house. His clothes inside were in complete disarray and even some clothes were scattered on the bedroom floor. Maybe Luis loved his family so much that he wanted to say goodbye to them during his last hour on Earth. His relative interpreted this fact as a sign from Luis who had come to say goodbye forever.

50. El fantasma de verdad

Era en el campo, una tarde a eso de las cinco y media ya estaba oscuro cuando los niños de una familia decidieron jugar al escondite.

Orlando el niño mayor, quiso hacerles una broma pesada y se disfrazó de fantasma escondiéndose detrás de unos árboles para asustar a sus hermanos cuando pasaran por allí. Y consiguió su objetivo.

Cuando los niños vieron tal espanto, se quedaron sin aliento y huyeron a toda velocidad.

Iba el falso fantasma en la persecución de los demás niños y estos llorando y gritando... Cuando a Orlando se le ocurrió mirar hacia atrás y se encontró con una sorpresa espantosa. Detrás de él venía otro fantasma de verdad, cuya visión le corto las fuerzas e igual o peor de aterrorizado que sus hermanos corría desaforado. Cuando todos llegaron a la casa, cayeron al piso sin sentido.

The true ghost

It was almost 5:50 in the afternoon, almost dusk time, in a farm and the children of the family decided to play hide and seek

Orlando, the eldest child, thought about playing a joke. He dressed up like a ghost and hid behind some trees. His joke consisted in scaring the other children as they passed by this place. Needless to say that Orlando attained his objective.

When the children saw that ghost, they were breathless and ran away as fast as they could. The fake ghost, in turn, chased the children and they cried and screamed a lot when they saw a ghost was after them.

Suddenly Orlando turned his head and looked behind him. He was shocked to see that a true ghost was chasing him. He got more scared that his brothers and sisters and like them he ran desperately home. When the children got home, they fainted.

51. Luis bailó con alguien del otro mundo

Luis, joven de unos veinte años, había sido invitado a la fiesta. Aunque la noche estaba muy fría decidió asistir. Animado pasó el rato, bailó con una señorita que le cayó en gracia por su belleza y finos modales.

Cuando llegó la hora de volver a casa, muy comedido se ofreció a llevarla, al tiempo que le prestaba la chaqueta y le obsequiaba una rosa. Los dos acompañados muy felices, atravesaron la ciudad y llegaron al destino de ella. Él, muy caballeroso se despidió y le prometió volver al otro día y de paso recogería la chaqueta.

Efectivamente a la noche siguiente, Luis fue a cumplir su cita, muy feliz porque la joven le había agradado de verdad. Cuando tocó a la puerta, salió una abuelita, la saludó y enseguida preguntó por la señorita, cuya fotografía presidia la sala y que él podía ver.

La abuelita extrañada y con razón, le contó que ella, su nieta, había fallecido años atrás y que si deseaba al otro día podían visitarla en el cementerio.

Luis acudió a la nueva cita. Cuando llegaron, lo primero que vieron sobre la tumba de ella, fue la chaqueta junto con la flor que él le había obsequiado la otra noche a su compañera de baile. Él y la abuelita muy sorprendidos, recogieron la prenda y se fueron...

Luis danced with someone from the afterlife

Luis was a young man of approximately 20 years old and he had been invited to a party. Although the night was very cold, he decided to attend the party. In this gathering, he met a beautiful and gracious lady who what very good manners.

When the party was over, Luis offered this lady a ride home. He also took off his jacket and covered the shoulders of the lady with it. He also gave her a rose. Luis and this girl were very happy; they crossed the city and arrived to her destination. He, as the gentleman he was, said goodbye to her and promise her to see her again on the following day with the excuse of picking up the jacket.

The following night, Luis got ready for his date with this lady. She was very happy about it because he really liked that girl. When she knocked on her door, a very old woman came to open. He asked the old lady about the young girl whose photograph was in the middle of the living room, as he could see from the entrance.

The old lady looked really puzzled. She told her that the girl was her granddaughter who had died years ago and suggested him to visit her tomb in the cemetery on the following day.

Luis decided to accept the suggestion of the young lady's grandmother. They went together to the cemetery and found the jacket and the rose he had given her two nights ago on the young girl's tomb. Luis and the old lady were shocked. Anyway, they picked the jacket from the tomb and left the cemetery.

52. La casa verde

Existía en cierto lugar muy deprimido de la ciudad, una casa de perdición donde al abrigo de la beodez, la droga, al compás de la música excitante hombres y mujeres se dedicaban a cometer toda clase de actos lujuriosos inconfesables.

Estaban una noche en plena barahúnda, cuando la casa con todo y moradores empezó a temblar, y emanaba olores hediondos y amenazaba con caerse. Todos muy asustados corrían a buscar refugio donde podían. En éstas se hallaban, cuando de un fuerte sacudón la casa fue arrancada del piso y empezó a volar.

Cuentan los que la han visto, que se pueden apreciar a través de puertas y ventanas personas muy desesperadas que padecen sinnúmero de tormentos como azotes, el fuego, la sed y el hambre. Dicen que deambulan hasta el día del juicio final.

The Green House

There was a house located in one of the poorest areas of a city. That house was devoted to vicious activities where drunkenness, drugs, and exciting music simulated the senses of men and women who engaged in all types of lustful secret acts.

One night, the place was in the middle of this uproar when a tremor shook the house with together with all the attendants who also could perceive a nauseating smell. The tremor was so hard that it seemed that the house would fall down at any moment. Frightened people run all over the place seeking refuge in any available space. Suddenly, the house was pulled out of the ground and started to move freely in the air.

People who have seen this house flying around say very desperate people suffering countless torments such as lashes, fire, thirst, and huger can be seen through the windows and doors of the house. They say that the people in that house will be wandering in despair until the Day of Judgment.

"Beyond the Grave" is like a lullaby that elicits feelings and memories kept in the winding paths of memory. People who wish to rediscover and consolidate their love for this cultural heritage will find this book enjoyable".

www.ingramcontent.com/pod-product-compliance
Lightning Source LLC
Chambersburg PA
CBHW050922260726
48660CB00001B/350